首都圏版㉞　最新入試に対応！　家庭学習に最適の問題集‼

東京学芸大学附属大泉小学校

2025年度版

過去問題集

2019〜2024年度 実施試験 計6年分収録

プリント式‼

すべての問題にアドバイス付き！

問題集の効果的な使い方

①学習を始める前に、まずは保護者の方が「入試問題」の傾向や、どの程度難しいか把握をします。すべての「アドバイス」にも目を通してください。

②各分野の学習を先に行い、基礎学力を養いましょう！

③「力が付いてきたら」と思ったら「過去問題」にチャレンジ！

④お子さまの得意・苦手がわかったら、その分野の学習を進め、全体的なレベルアップを図りましょう！

厳選！ 合格必携 問題集セット

観　察	Jr. ウォッチャー㉙「行動観察」
常　識	Jr. ウォッチャー㊌「マナーとルール」
口頭試問	新 口頭試問・個別テスト問題集
	東京学芸大学附属大泉小学校　直前練習問題集
	東京学芸大学附属大泉小学校　合格問題集

日本学習図書　ニチガク

私たちにおまかせください！

問題集をしていて指導方法がわからない方

無料 Web学習 サポートサービス

問題集に指導サポートがついているのは、ニチガク だけ！

こんなこと…ありませんか？

「ニチガクの問題集…買ったはいいけど、、、
この問題の教え方がわからない（汗）」

メールでお悩み解決します！

☆ ホームページ内の専用フォームで必要事項を入力！

☆ 教え方に困っているニチガクの問題を教えてください！

☆ 確認終了後、具体的な指導方法をメールでご返信！

☆ 全国どこでも！スマホでも！ぜひご活用ください！

\<質問回答例\>

 アドバイス

推理分野の学習では、後の学習に活きる思考力を養うことができます。ご家庭で指導する場合にも、テクニックによらず、保護者の方が先に基本的な考え方を理解した上で、お子さまによく考えさせることを大切にして指導してください。

Q.「お子さまによく考えさせることを大切にして指導してください」
　と学習のポイントにありますが、考える習慣をつけさせるためには、
　具体的にどのようにしたらいいですか？

A. お子さまが考える時間を持てるように、質問の仕方と、タイミングに工夫をしてみてください。
　たとえば、「答えはあっているけど、どうやってその答えを見つけたの」「答えは○○なんだけど、どうしてだと思う？」という感じです。
　はじめのうちは、「必ず30秒考えてから手を動かす」などのルールを決める方法もおすすめです。

まずは、ホームページへアクセスしてください !!

目指せ！合格！ 家庭学習ガイド
東京学芸大学附属大泉小学校

 ペーパー 口頭試問 行動観察 志願者面接

入試情報

応 募 者 数：男子 660 名　女子 681 名
出 題 形 態：ペーパー、ノンペーパー
面　　　　接：志願者
出 題 領 域：ペーパー（お話の記憶、図形、常識、推理）、口頭試問、行動観察

入試対策

2023 年 5 月 8 日にコロナウイルス感染症が第 5 類に移行しましたが、2024 年度入試の内容や形態は、2023 年度入試より大きな変更はありませんでした。また、受験者数が一定数を超えたため、2023 年度に引き続き、オンライン中継での一次選考（抽選）が実施されました。抽選の通過率は男女ともに 90％と、抽選が行われている他の国立小とは違い、多くの志願者が 2 次選考へと進んでいます。このことから、抽選結果を見てから対策を取るのではなく、抽選を通過することを見据えて、早めに対策を開始することをおすすめいたします。第 2 次選考の発育総合調査（入試）では、1 日目にペーパーテストと行動観察が行われ、2 日目に志願者面接（口頭試問）が実施されました。2024 年度も 2023 年度同様、運動テストは行われませんでした。合格発表日には、補欠順位も発表され、合格者の中で辞退者が出た場合、補欠順位にしたがって電話連絡があったようです。過去を含めた出題の分析をすると、当校のペーパーテストの特徴として、生活体験に基づいた出題が多く観られます。そのため、単に解答を見つけるための HOW TO を習得する学習は対策としておすすめできません。当校では、入学後の授業でディベートを取り入れた学習があり、そこで求められる「相手の話をしっかりと聞き、理解し、答える（対応する）」ことが入試にも表れています。生活体験の量を積み、体験に基づいた解答を導き出せるように心がけてください。ペーパーテストの出題分野については、お話の記憶、図形、常識、推理が出題されました。それほど難しい問題ではありませんが、受験者数と合格者数の関係から倍率が高いと言わざるを得ず、それに合わせて合格のボーダーラインも高水準となっています。入試に対するポイントを下記に記載しましたので、学習の対策に活かしていただきたいと思います。ケアレスミスのないよう落ち着いて問題に取り組んでください。

● ペーパーテストの常識問題と行動観察の両方で、お子さまの社会性や協調性が問われています。お子さまには、公共の場でのルールの大切さを学べる体験をさせてください。また、マナーに関する問題が多く扱われているのも当校の入試の特徴の一つです。他人に迷惑をかけないなど、マナーを意識した生活を心がけてください。

● 面接では、「答えに対して、その理由を聞く」など、具体的な説明を求める質問がありました。コミュニケーションの取り方（視線、姿勢、声の大きさ、回答するまでの時間など）も注意してください。

● 当校の試験では、お友だちとどう接するかを問う設問が頻出しています。過去の出題を参考に、「他者との関わり」や、「困っている人への対応」などに分けて考えるようにすることをおすすめします。

● 解答を間違えた時は、解答の上に二重線を引いて訂正するように指示されますので注意してください。

「東京学芸大学附属大泉小学校」について

〈合格のためのアドバイス〉

　　2024 年度入試は、2023 年度と同様、2 週間ほど視聴期間が設けられ、オンデマンドで説明会が行われました。求められている児童像について、大きな変化はみられませんでした。知識・社会常識・躾など、総合的にバランスの取れている児童を求めていることが試験内容からうかがえます。

　　試験そのものはやさしく、保護者の方も安心してしまいがちですが、倍率を考えると、合格するにはかなり高い正答率が必要となります。ボーダーラインではなく、その上を目指して取り組んでいくことが大切です。

　　ペーパーテスト対策は、記憶、常識、図形分野を中心に、基礎をしっかりと定着させることが大切です。基礎レベルの問題を、何題も繰り返して確実に理解させ、正確に答えられるところまで取り組みましょう。また、常識分野の問題と口頭試問の両方で、コミュニケーションやマナーに関する問題が扱われています。これらは、知識として知っているかどうかというよりは、お子さまの生活体験から判断することが大切なポイントです。幼稚園でのできごとや、お友だちとのやりとりなどを、お子さまとの会話で聞き取り、お子さまの考えや行動を保護者の方が理解しておくようにしてください。お子さまが間違っていることをしているようでしたら、その都度指導して教えてあげるようにしましょう。なお、頻出のテーマは「外国人のお友だちとのコミュニケーション」「交通ルール」「食事・生活のマナー」などですが、2024 年度入試では、外国人と特定された出題はありませんでした。ただ、お友だちとの関わり方は出題されていますので、普段の生活で意識しておくとよいでしょう。また、待ち時間の過ごし方についても観られています。お友だちと騒いだり、走り回ったりせず、落ち着いて待機できるようにしておきましょう。しかし、志願者面接では、自分の言葉でしっかりと伝える力が求められます。待機時との素早い切り替えができる集中力も養うようにしましょう。

〈2024 年度選考〉

＜1 日目＞
- ●ペーパーテスト
  お話の記憶、図形、常識、推理など
- ●行動観察
  魚釣り、コップタワー作り、ダンス

＜2 日目＞
- ●口頭試問
- ●面接（志願者）

◇過去の応募状況
2024 年度　男子 660 名　女子 681 名
2023 年度　男子 770 名　女子 733 名
2022 年度　男子 641 名　女子 635 名

〈本書掲載分以外の過去問題〉

◆巧緻性：お手本を見て折り紙を折る。（チューリップ、コップ、チョウ）[2019 年度]
◆常　識：ペットボトルを開けるとき、蓋をどちらの方向に回すか答える。[2019 年度]
◆図　形：お手本の形を作るのに必要な積み木を選ぶ。[2018 年度]
◆常　識：落ち葉がたくさん落ちているとき、どうするか答える。[2019 年度]

東京学芸大学附属大泉小学校

過去問題集

〈はじめに〉

　　現在、少子化が叫ばれているにもかかわらず、私立・国立小学校の入学試験には一定の応募者があります。入試は、ただやみくもに学習するだけでは成果を得ることはできません。志望校の過去における出題傾向を研究・把握した上で、学習を進めていくこと、試験までに志願者の不得意分野を克服することが求められます。そこで、本問題集は小学校を受験される方々に、志望校の出題された問題をより分かりやすく理解して頂くために、アドバイスを記載してあります。最新のデータを含む精選された過去問題集で実力をお付けください。

　　また、志望校の選択には弊社発行の「2025年度版　首都圏・東日本　国立・私立小学校　進学のてびき」をぜひ参考になさってください。

〈本書ご使用方法〉

◆出題者は出題前に一度問題を通読し、出題内容などを把握した上で、
　〈 準 備 〉の欄に表記してあるものを用意してから始めてください。
◆お子さまに絵の頁を渡し、出題者が問題文を読む形式で出題してください。
　問題を読んだ後に、絵の頁を渡す問題もありますのでご注意ください。
◆「分野」は、問題の分野を表しています。弊社の問題集の分野に対応していますので、復習の際の目安にお役立てください。
◆一部の描画や工作、常識等の問題については、解答が省略されているものがあります。お子さまの答えが成り立つか、出題者が各自でご判断ください。
◆〈 時 間 〉につきましては、目安とお考えください。
◆本文右端の［〇年度］は、問題の出題年度です。［2024年度］は、「2023年の秋に行われた2024年度入学志望者向けの考査で出題された問題」という意味です。
◆アドバイスは、指導の際にご参考にしてください。
◆【おすすめ問題集】は各問題の基礎力養成や実力アップにご使用ください。

〈本書ご使用にあたっての注意点〉

◆文中に この問題の絵は縦に使用してください。 と記載してある問題の絵は縦にしてお使いください。
◆〈 準 備 〉の欄で、クレヨン・クーピーペンと表記してある場合は12色程度のものを、画用紙と表記してある場合は白い画用紙をご用意ください。
◆文中に この問題の絵はありません。 と記載してある問題には絵の頁がありませんので、ご注意ください。なお、問題の絵の右上にある番号が連番でなくても、中央下の頁番号が連番の場合は落丁ではありません。
　下記一覧表の●が付いている問題は絵がありません。

問題1	問題2	問題3	問題4	問題5	問題6	問題7	問題8	問題9	問題10
							●	●	
問題11	問題12	問題13	問題14	問題15	問題16	問題17	問題18	問題19	問題20
		●						●	
問題21	問題22	問題23	問題24	問題25	問題26	問題27	問題28	問題29	問題30
				●	●				
問題31	問題32	問題33	問題34	問題35	問題36	問題37	問題38	問題39	問題40
●		●				●		●	

得 先輩ママたちの声！

◆実際に受験をされた方からのアドバイスです。
ぜひ参考にしてください。

東京学芸大学附属大泉小学校

- ペーパーは簡単なので差がつかないと思います。集団行動や面接などでその子らしさが発揮できるように日頃から家庭で取り組んでいくことが重要だと思いました。私立の対策できっちりと仕上がっている子はあまり好まれないのかなとも感じました。

- 待っている間におしゃべりしてしまう子がいるので、つられないようにすることなどを注意していました。

- 絵画制作は時間制限に気をつける必要があります。１日目の試験内容が簡単な分、２日目の面接で差がつくと思われます。子どもが自分の言葉で説明しきれる力が必要と感じました。

- １日目は保護者は校庭での待機のため寒いです。１時間ほど立ちっぱなしなので、ヒールは低めの方がよいと思います。２日目は面接の待ち時間が（子どもと一緒に）体育館で30分＋待機室で30分＋廊下で10分と非常に長く、かなり寒いので子ども達はふるえていました。

- 教室の中は暖かかったので、うすいブラウスとジャンパースカートで十分でした。

- 面接は、明るく元気でハキハキとした子の方がより質問されていたようでした。

- 面接は年々、シチュエーションが複雑になっていて、大人でもどう答えるのが正解か迷う問いかけがあります。日頃から友人関係や常識についてたくさん話すことが大切だと思いました。

- 体育館での待ち時間などに、椅子（子どもにとっては大きい）をガタガタさせたり、足をブラブラさせたりして、前のお子さまとトラブルになっているのを見かけました。30分ぐらいの時間をしっかり待てるよう日頃から注意しておくことが必要だと思います。

2024年度の最新入試問題

問題1　分野：お話の記憶

〈準備〉　鉛筆

〈問題〉　お話をよく聞いて、後の質問に答えてください。

　タヌキさんが起きたときから外は曇っていていやな天気です。でも今日はキツネさんの誕生日なので楽しい日でもあります。タヌキさんは昨日からプレゼントは何をしようか考えていましたが、なかなか良い考えが浮かんできません。出かける準備をしている時に、キツネさんにぴったりのプレゼントを思いついたので、それをバッグに入れました。タヌキさんはみんなで待ち合わせをしている公園に向かいました。その公園はキツネさんのお家の近くにあります。公園に着くと、もうネコさんが来ていて、タヌキさんは2番目でした。タヌキさんの後にイヌさんが走ってきました。最後はゆっくりとクマさんが歩いてきました。キツネさんも来てみんなが揃うと、ネコさんが「ねぇ、鬼ごっこをして遊ばない？」と言い出しました。初めに鬼になったのはネコさんです。ネコさんは足が速いので、クマさんはあっという間につかまってしまいました。次に、タヌキさんがつかまりました。キツネさんとイヌさんはなかなかつかまりません。木のそばで、イヌさんが立ち止まっていたので、ネコさんは走って、「捕まえた」と言いました。キツネさんを探すと、キツネさんは、穴に落ちていました。結局、最後につかまったのはキツネさんでした。キツネさんのお家で、ハッピーバースデーの歌を歌いながら、キツネさんのお母さんが作ったケーキやジュースでお誕生日のお祝いをしました。キツネさんへのプレゼントは、ネコさんは鉛筆、タヌキさんは折り紙、イヌさんは消しゴム、クマさんはノートを渡しました。その後、しばらく遊んでからみんなはお家へ帰りました。外は相変わらず曇っていましたが、とても楽しい1日でした。

　（問題1の絵を渡す）
①キツネさんの誕生日の日はどんな天気でしたか。○をつけてください。
②キツネさんの誕生日にいなかった動物に○をつけてください。
③公園に走ってきたのはどの動物でしたか。○をつけてください。
④鬼ごっこで2番目につかまった動物に○をつけてください。

〈時間〉　各15秒

〈解答〉　①右端（曇り）　②左から2番目（サル）　③右から2番目（イヌ）
　　　　④左端（タヌキ）

アドバイス

お話の内容は単純ですが、公園に来た順番や鬼ごっこでつかまった順番などが複雑ですので、集中して聞いていないと記憶できない問題です。記憶力は毎日の積み重ねです。普段の生活に、絵本や昔話の読み聞かせを取り入れて日常の習慣にするとよいでしょう。読み終わった後は、感想を聞いたり、印象に残った場面の絵を描かせたりすることで、記憶力が向上し、お話の記憶を解く力を伸ばすことにもつながります。また、お話を読むときは、内容がしっかりと伝わるように、ゆっくりと丁寧に読むことを心がけてください。そして、お子さまが問題を解いている様子を観察してみてください。解答記号の線の運び方や解くまでにかかった時間は、お子さまの記憶の特徴が表れます。お子さまの現状の記憶力を把握し、学習に活かしていくとよいでしょう。

【おすすめ問題集】
　1話5分の読み聞かせお話集①②、　お話の記憶　初級編・中級編、
　Ｊｒ・ウォッチャー19「お話の記憶」

問題2　　分野：回転（展開図）

〈 準 備 〉　鉛筆

〈 問 題 〉　折り紙を左側のように、順番に折って開いたときにできる折線はどうなるでしょうか。正しいものに○をつけてください。

〈 時 間 〉　各30秒

〈 解 答 〉　①真ん中　②右端　③左端　④真ん中　⑤真ん中　⑥右端　⑦左端　⑧真ん中

 アドバイス

まずは、どのように折るのかを理解することが大切です。実際に折り紙を使い、折って確認してみるとよいでしょう。そうすることで、お子さま自身が正誤を判断することができるので理解が深まります。そして、選んだ選択肢が正解だった場合は、他の選択肢はどこが間違っているのか、不正解だった場合は、選択肢を選ぶまでの思考の道順をたどり、どこで間違えたのかを把握しましょう。それでも難しい場合は、1回折るごとにどこに折り線がついたのか、保護者の方と一緒に確認していきましょう。他の折り方にも挑戦するなど、折り紙にふれる機会を増やすことを意識してください。慣れてくると、だんだんと頭の中でイメージをして、問題を解くことができるようになります。日頃の遊びに取り入れて、力を養っていくようにするとよいでしょう。

【おすすめ問題集】
　Ｊｒ・ウォッチャー5「回転・展開」、分野別　苦手克服問題集　図形編

問題3 分野：常識（断面図）

〈準 備〉 鉛筆

〈問 題〉 左にあるものを点線で切ったとき、切った面はどのようになっているでしょうか。右側から選んで○をつけてください。

〈時 間〉 各10秒

〈解 答〉 ①真ん中　②真ん中　③右端　④左端　⑤右端　⑥左端

 アドバイス

まず、問題用紙の解答記号を確認してみてください。自信を持って解答した問題は、大きく綺麗な形をしていますが、自信がない問題は、筆圧が弱かったり、記号の形が崩れていたりすることがあります。正解していても、自信がないと見受けられる問題は、実物を見せて知識を定着させましょう。食事の用意をしているときやおやつを出すとき、また買い物に行ったときなど、普段の生活で目にする機会を利用することをおすすめします。その際は、切った断面を見せるだけではなく、中の種の形や路地物ができる時期、栽培方法、実の付け方など、付随する情報を説明することで、さらに知りたいという欲が生まれ、幅広い知識を修得することができます。日常生活をうまく活用し、お子さまの好奇心を刺激して学習を進めることが大切です。

【おすすめ問題集】
　　Ｊｒ・ウォッチャー27「理科」、55「理科②」

問題4 分野：常識（季節）

〈準 備〉 鉛筆

〈問 題〉 ・左側に描いてある絵と季節が同じものを右から選んで○をつけてください。
　　　　　（①～④まで）
　　　　　・卵で産まれる生き物に○をつけてください。（⑤）

〈時 間〉 各15秒

〈解 答〉 ①左から２番目（柏餅）　②左端（栗）　③左から２番目（鏡餅）
　　　　　④右端（かき氷）　⑤カメ・カエル・カラス・鯉・カブトムシ

アドバイス

最近では旬の食べ物などの季節感がなく、いつの季節の食べ物なのかの判断に苦慮することが多くなっています。また、季節がまたがってできる野菜や果物、花なども同様です。特に、イチゴやサクランボは、春に花が咲き、実は春の終わりごろから夏に食べごろとなるので注意しましょう。また、日本は北と南の地方によってできる季節も異なります。知識を増やすためには、日頃から身近なものに興味や関心を持つことが大切です。季節の植物、食べ物、昆虫などは、できるだけ実際に触れて体験しながら覚えていくと知識が定着します。また、答え合わせをした後、お子さまに、正答以外の選択肢はどの季節か、他に同じ季節のものは何があるかなども質問してみましょう。季節ごとの行事も、実際に体験して覚えるのがよいでしょう。ご家庭で季節ごとの行事を行う際は、由来や背景などまで説明すると知識が深まります。普段の生活や体験を通して、自然と学習に結びつくように意識してください。

【おすすめ問題集】
　　Ｊｒ・ウォッチャー27「理科」、34「季節」、55「理科②」

問題5　分野：推理（シーソー）

〈 準 備 〉　鉛筆

〈 問 題 〉　この中で１番重いものに○をつけてください。

〈 時 間 〉　各30秒

〈 解 答 〉　①タヌキ　②ナス　③スイカ・メロン　④三角定規　⑤キューピー　⑥靴

 アドバイス

シーソーの問題は、苦手意識の強いお子さまも多いかもしれません。問題で聞かれている「１番重いもの」は、言い換えると「他のどんなものと比較しても、すべて重くなるもの」ということです。そのため、どのシーソーでも下に傾いているものが答えになります。この問題で注意することは同じ重さの物があるということです。練習の際は、比較するものを具体物で置き換え、実際に重さを比較してみてください。初めは、比較対象物を少なくして考え、慣れてきたらだんだんと数を増やして比較するようにしましょう。お子さまのペースに合わせ、焦らずに取り組むことが大切です。まずは、解答のノウハウより、基本を理解して土台を固めるようにしましょう。少しずつ積み重ねることで、応用力もつきます。

【おすすめ問題集】
　　Ｊｒ・ウォッチャー33「シーソー」

問題6　分野：図形（回転）

〈 準 備 〉　鉛筆

〈 問 題 〉　左側の形を矢印の方へ矢印の数だけ倒したときどのようになるでしょうか。右側
　　　　　　から探して○をつけてください。

〈 時 間 〉　各30秒

〈 解 答 〉　①左端　②右端　③真ん中　④真ん中　⑤左端　⑥右端

 アドバイス

回転図形の問題を解くには、論理的思考力が必要です。回転させたときの図形の動き方を
質問し、お子さま自身に説明させることで、論理的思考力を鍛えることができます。ま
た、練習の際は、具体物を使うのが効果的です。身近なものを使用した練習方法をご紹介
します。まずは、クリアファイルとホワイトボード用マーカーを用意してください。図形
の上にクリアファイルを重ね、上からマーカーでなぞり、クリアファイルを回転させま
す。すると、お子さま自身で答え合わせができるので、図形がどのように回転するのか、
実際に動かして理解することができます。ぜひ参考にしてみてください。慣れてくると、
頭の中で図形をイメージして回転させることができるようになります。

【おすすめ問題集】
　　Ｊｒ・ウォッチャー46「回転図形」

問題7　分野：行動観察

〈 準 備 〉　クーピーペンまたは色鉛筆1セット、紙コップ
　　　　　　魚の絵の外枠に沿って切り取り、口にクリップをつけておく
　　　　　　釣り竿（割りばしの先にマグネットをつけておく）

〈 問 題 〉　5人で1グループになる。
　　　　　　魚に色を塗ってください。色鉛筆（クーピーペン）はお友だちと仲良く使ってく
　　　　　　ださい。
　　　　　　塗り終わったら魚釣りゲームをしましょう。（釣り竿を渡して）早くたくさん釣
　　　　　　ったチームが勝ちです。
　　　　　　終わったら紙コップを高く積みましょう。

〈 時 間 〉　適宜

〈 解 答 〉　省略

アドバイス

クーピーペンや色鉛筆は5人で1セットを共有します。お友だちと使いたい色が被ったときは、自分の意見ばかりを通そうとしたり、独り占めしたりするのではなく、お友だちと相談して使いましょう。相談するときは、自分の意見を伝えつつ、お友だちの意見も尊重することが大切です。色塗りをした後は魚釣りゲーム、紙コップタワー作りが続きます。どちらもチームで競う課題ですが、興奮が先走る行動には注意が必要です。途中で失敗しても、お友だちを責める言動はせず、最後まで諦めずに取り組む姿勢が求められます。

【おすすめ問題集】
　　Ｊｒ・ウォッチャー29「行動観察」

問題8　分野：行動観察

〈準　備〉　なし

〈問　題〉　**この問題の絵はありません。**
　　　　　先生の真似をして踊ってください。

〈時　間〉　適宜

〈解　答〉　省略

 アドバイス

模倣運動の課題です。当校では、例年同様の課題が出題されています。2024年度は有名キャラクターのダンスでした。特に対策が求められるものではなく、年齢相応の体力があれば問題ないでしょう。この課題では、指示を最後まで聞くことが大切です。その間はお友だちと話したり、フラフラしたりせず、先生の目を見て話を聞くようにしましょう。このような、目線、態度、姿勢も観られています。日頃から話を聞く姿勢に注意しておくとよいでしょう。ダンスが始まったら、元気よく楽しく踊ることを心がけましょう。踊りを上手に踊れなかったり、間違えてしまったりしても、途中で諦めず、最後まで元気に踊りましょう。

【おすすめ問題集】
　　Ｊｒ・ウォッチャー29「行動観察」

〈 準 備 〉　なし

〈 問 題 〉　■この問題の絵はありません。■
・お名前と誕生日と住所を教えてください。
・あなたの宝物は何ですか。
・お誕生日に食べたいものは何ですか。どうしてそれが食べたいのですか。
・好きな絵本は何ですか。
・今朝（お昼、夕べ）は何を食べてきましたか。
・お父さんやお母さんに褒められるのはどんな時ですか。
・お友だちと遊んでいて困ったことがあったらどうしますか。
・お母さんと読む本で好きな本は何ですか。
・お休みの日は家族で何をしていますか。
・（絵を見せられて）この女の子は男の子とだけ遊びたがっています。男の子は
　どうすればよいでしょうか。考えて話してください。
・公園の砂場で気づかずに女の子が作ったものを壊してしまいました。あなたな
　らどうしますか。
・じょうろの水をお友だちの足にかけてしまいました。あなたはどうしますか。
　（回答に対して）謝っても泣き続けています。どうしますか。
・お友だちと2人で遊んでいるところに別のお友だちが来て、「私と向こうで遊
　ぼう」と誘っていますが、今遊んでいるお友だちはあなたと2人きりで遊びた
　がっています。どうしますか。
・お友だちと遊びたいものが違う時どうしますか。

〈 時 間 〉　適宜

〈 解 答 〉　省略

 アドバイス

質問を見る限り、難しい内容はありません。面接対策をする場合、保護者の方はお子さま
の回答ばかりに意識が向いてしまいますが、面接テストは回答ばかりが採点対象ではあり
ません。回答者のそのときの、口調、目、態度、姿勢など、回答以外のことも観られてい
ます。また、質問者はどうしてその質問をしたのかなど、出題者の意図を把握することも
大切です。特に、当校は、お友だちとの関わり方について質問されるのが特徴です。自分
の考えを言葉にする力を養いましょう。また、志願者面接の詳しい対策については、弊社
発行の「面接テスト問題集」（子ども面接用）の冒頭部分のまえがき、各問題のアドバイ
スをご覧ください。出版社の取材力を生かした丁寧な解説が書いてあります。早めに読む
ことで、面接対策が充実します。

【おすすめ問題集】
　面接テスト問題集、新　口頭試問・個別テスト問題集、
　Ｊｒ・ウォッチャー56「マナーとルール」

問題10 分野：お話の記憶

〈 準 備 〉 鉛筆

〈 問 題 〉 お話を聞いて後の質問に答えてください。

今日はライオン君の家にお友だちがやってきます。そこで、ライオン君はみんなのためにご飯を作ってあげることにしました。ライオン君の家の冷蔵庫には、お肉があります。けれど、お肉だけでは料理を作ることができません。ライオン君が困っていると、お友だちのクマ君、ハリネズミ君、キツネ君がやってきました。キツネ君はニンジン、クマ君はジャガイモを持ってきてくれました。ハリネズミ君は玉ねぎを持ってきました。みんなが材料をもってきてくれたおかげで、料理を作ることができます。「みんなありがとう。おいしい料理を作るから、ちょっと待っててね」ライオン君は張り切ってキッチンへ向かいます。するとキツネ君が「みんなで作った方が、きっとおいしいよ」と言ったので、ライオン君はみんなと料理を作ることにしました。「何を作ろうかなー」ライオン君がそう言うと、少し考えてクマ君が「カレーがいいな」と言いました。続いてハリネズミくんが「野菜スープがいいよ」と言いました。カレーも野菜スープも大好きなライオン君は、なかなか決めることができません。ライオン君が悩んでいると、キツネ君が「どっちも作っちゃおうよ」と言いました。「そうしよう、そうしよう」クマ君とハリネズミ君もやる気満々です。みんなで話し合って、最初にカレー、次に野菜スープを作ることにしました。みんなと作る料理はとても楽しく、できあがったカレーと野菜スープは、今までにないくらいおいしくできました。みんなでお皿を洗っていると、ライオン君が「みんな今日はありがとう。おかげでおいしい料理がつくれたよ」と言いました。するとクマ君が「今度はシチューが食べたいな」と言います。続いてハリネズミ君が「サラダもいいよね」と言いました。「どっちも作っちゃおうよ」みんなの声がそろいます。「明日のごはんはシチューとサラダで決まりだね」ライオン君はうれしそうにそう言いました。

（問題10の絵を渡す）
①ライオン君が困っていたのはどうしてですか。〇をつけてください。
②クマ君、キツネ君、ハリネズミ君が持ってきたものは何ですか。線で結んでください。
③1番初めにできた料理は何でしょうか。〇をつけてください。次にできた料理は何ですか。△をつけてください。

〈 時 間 〉 各15秒

〈 解 答 〉 下図参照

［2023年度出題］

アドバイス

お話の記憶の問題としては基本レベルの問題となりますが、このような生活体験をベースとしたお話の場合、お子さまの体験量の多少が記憶にも大きく影響してきます。入学試験では、初めて聞く内容のお話を一度だけ聞いて問題に答えなければなりません。馴染みのある内容の場合、自分の経験になぞらえて記憶することができます。自分の体験になぞらえて記憶をすると、定着率が高く、その後の問題にもしっかりと対応できます。このようなことを踏まえて、保護者の方は、お子さまが多種多様の生活体験を積むことができる生活環境を作るようにしましょう。また、記憶力を高める方法として、お手伝いなどの指示を出す場合、一つひとつ出すのではなく、まとめて出すようにすることをおすすめいたします。

【おすすめ問題集】
　　1話5分の読み聞かせお話集①②、　お話の記憶　初級編・中級編、
　　Jr・ウォッチャー19「お話の記憶」

問題11　　分野：お話の記憶

〈 準 備 〉　鉛筆

〈 問 題 〉　お話を聞いて後の質問に答えてください。

今日はキツネさんのお母さんの誕生日です。キツネさんが何をプレゼントしようか考えていた時、公園の花壇にチューリップが咲いているのを見つけました。キツネさんは中に入って黄色のチューリップを5本取りました。それを見ていたクマさんは「花壇に入ってはだめだよ。外側で見るのならいいけど」と言いました。リスさんは「はさみで切るのならいいんだよ」と言いました。ウサギさんも「取ってもいいんだよ」と言いました。

（問題11の絵を渡す）
①正しい考えを言ったのは誰でしょうか。〇をつけてください。
②チューリップの色は何色でしたか。同じ色の物に〇をつけてください。
③取ったチューリップは何本でしたか。一番下の□にその数だけ〇を書いてください。

〈 時 間 〉　各30秒

〈 解 答 〉　下図参照

[2023年度出題]

アドバイス

この問題は、当校の特徴的な出題の一つといえるでしょう。当校は問題で、さまざまなシチュエーションを提示し、このようなときどうするかといった、お子さまの判断を問う問題が頻出となっています。また、過去の取材からも、このような内容の問題を重視している傾向が見られます。志望されるご家庭の保護者の方は、日常生活における善悪の判断基準をお子さまにしっかりと定着させることが必要です。公共交通機関内での態度、困った人への対応、このような内容が過去にも見られました。こういった問題の場合、お手本となる保護者の方が、お子さまの前でどのような対応を示しているかが大きく影響します。問題を通して、学校が発信するメッセージをしっかりと受け取り、対応するように心がけてください。

【おすすめ問題集】
　　1話5分の読み聞かせお話集①②、　お話の記憶　初級編・中級編、
　　Ｊｒ・ウォッチャー19「お話の記憶」、56「マナーとルール」

問題12　　分野：数量（数を分ける）

〈準　備〉　鉛筆

〈問　題〉　①3人のお友だちに、飴を2個ずつ配ります。全部で飴はいくつあればよいですか。その数だけ右に〇を書いてください。
　　　　　　②フクロウのヒナ4羽にお母さんフクロウが餌の虫を取ってきます。1回に1匹運んできます。1羽のヒナに2匹ずつ餌をやるには、お母さんヒナは何回運んで来ればよいでしょうか。その数だけ絵の右側に〇を書いてください。
　　　　　　③ここにクッキーが9個あります。お友だちが3人います。同じ数ずつ分けると1人いくつもらえますか。右側にその数だけ絵の右側に〇を書いてください。

〈時　間〉　各30秒

〈解　答〉　下図参照

[2023年度出題]

アドバイス

数量の問題の対策として、正解を導くための解き方を求める方がいますが、当校の対策の場合、それだけでは不十分です。出題のベースに生活体験が存在するため、解答を導き出すプロセスについても求められています。この問題の場合、さまざまな状況下での「分配」が行われています。これを単にグルーピングして、印をつけながら解答を求めていく方法がハウツーとするなら、当校が求めているのは、培った経験から、分配を紙上で実施し、その上で解答することです。家庭で分配を体験するなら、食事を大皿で出すことをおすすめいたします。大皿での料理の場合、取り分け、我慢、見た目、相手の配慮など、分配以外のことが多く学べます。また、こうした生活体験を多く積むことを当校は求めています。

【おすすめ問題集】
　Ｊｒ・ウォッチャー38「たし算・ひき算1」、39「たし算・ひき算2」、
　40「数を分ける」

問題13　分野：指示行動

〈準 備〉　なし

〈問 題〉　**この問題の絵はありません。**
　　　　　今から言われたことを「やめてください」というまで続けてください。
　　　　　①片足でバランスを取って、立っていてください。
　　　　　②両手で「グーパー、グーパー」をやります。
　　　　　③右手で左の耳をつかんでください。
　　　　　④目をつぶったままで体操座りをしていてください。
　　　　　⑤目をつぶったままで立っていてください。

〈時 間〉　適宜

〈解 答〉　省略

[2023年度出題]

 アドバイス

指示行動はシンプルですが、シンプル故の難しさがあります。この問題の最初に、「やめ」の指示があるまで続けると指示が出されています。このような問題では、終わりの分からない状況下での体力、集中力の持続が課題となります。特に、集中力の持続は、お子さまにとって難点といえるでしょう。こういった力は一朝一夕には身に付かず、日頃の積み重ねの成果となります。この問題で気をつけていただきたい点は「動」に関する内容ではなく、「静」に関する内容です。何もせずにじっとしている状態を継続するのは難易度の高い部類に入ります。当校に限らず、運動の問題の場合、実施している時の採点よりも、待っているときの採点で差がつくといわれています。こうしたことを踏まえ、じっと待つことの対策も取り入れましょう。

【おすすめ問題集】
　Ｊｒ・ウォッチャー29「行動観察」

問題14 分野：行動観察

〈 準 備 〉　ボール、箱

〈 問 題 〉　この問題は絵を参考にして下さい。
　　　　　・5人ずつ1列に向かい合って並びます。
　　　　　・向かい合った人同士でじゃんけんをします。
　　　　　・勝った人はそのまま次の人とじゃんけんをします。負けた人は体操座りをして待っていてください。
　　　　　・5人1組になり、自分のチームの箱の前に並びボール入れをします。
　　　　　・代表者が先頭に立ち、先生とじゃんけんをします。じゃんけんで勝つとボールがもらえます。負けると列の後ろに移動し、次の人が代表者になります。
　　　　　・もらったボールを1回弾ませてチームの箱に入れます。
　　　　　・代表者を変えながら順に行います。

〈 時 間 〉　適宜

〈 解 答 〉　省略

[2023年度出題]

 アドバイス

説明を聞き、覚えて実施する。これだけのことですが、実際に行うのは難しいと思います。ルールの遵守、待つ態度、意欲、集中力、技術など、さまざまな要素が含まれますが、お子さまの年齢を考慮すると「待つ態度」と「意欲」の切り替えは難しいでしょう。この切り替えが上手にできるかどうかがポイントになります。ボールの扱いは慣れが大きく影響します。問題では、1回弾ませてという指示が出ています。このような技術の修得は、練習の回数を重ね、コツを掴むことです。また、入試では技術的な結果だけが評価対象ではありません。ですから、結果だけに固持せず、意欲的に取り組むことも心がけてください。自分や他のお友だちが失敗したときにどのような対応をするかも大切です。こうしたことは、日常生活を通して身につけるように心がけましょう。

【おすすめ問題集】
　Ｊｒ・ウォッチャー28「運動」、29「行動観察」、56「マナーとルール」

家庭学習のコツ①　「先輩ママのアドバイス」を読みましょう！

本書冒頭の「先輩ママのアドバイス」には、実際に試験を経験された方の貴重なお話が掲載されています。対策学習への取り組み方だけでなく、試験場の雰囲気や会場での過ごし方、お子さまの健康管理、家庭学習の方法など、さまざまなことがらについてのアドバイスもあります。先輩ママの体験談、アドバイスに学び、ステップアップを図りましょう！

問題15 分野：お話の記憶

〈準備〉 鉛筆

〈問題〉 お話を聞いて後の質問に答えてください。

桜の花が満開に咲いているお休みの日。今日はクマさん、キツネさん、ウサギさんとピクニックに行きます。リスさんのお母さんはリスさんがピクニックに持っていくお弁当を作っています。公園に集まって出かけることにしていますので、リスさんはお母さんに作ってもらったおにぎりと水筒を持って公園へ行きました。公園に着くと、すでにクマさんが大きな弁当を持って待っていました。まもなくウサギさんが、野菜がたくさん入ったサンドイッチと水筒を持ってやってきました。ウサギさんのすぐ後に、キツネさんがお稲荷とかんぴょう巻きと水筒を持ってやってきました。目的地の山に着くと、リスさんはカーネーションの描いてあるシート、キツネさんはキクの花の絵、ウサギさんはユリの花の絵、クマさんは福寿草の花が描いてあるシートをそれぞれ敷き、ご飯を食べました。ご飯を食べたあとにツクシを取ったり、四葉のクローバーを探したりして、楽しく過ごしました。

（問題15の絵を渡す）
①それぞれ持ってきたお昼の食べものを線で結んでください。
②それぞれ持ってきたシートに描いてある花と同じ季節のものを線で結んでください。
③1番早く来たのは誰でしょう。下に○を書いてください。2番目に来たお友だちに△、3番目に来たお友だちに□、最後に来たお友だちには●をそれぞれの下に書いてください。
④水筒を持ってこなかったお友だちに△をつけてください。

〈時間〉 各30秒

〈解答〉 下図参照

[2023年度出題]

お話自体は長くありませんが、登場人物と持ち物がたくさん出てきます。きちんと整理を
して記憶できているかがポイントになります。このような内容の場合、しっかりと記憶で
きていないと全問不正解ということも珍しくはありません。当校が行っている授業を観る
と、「聞く力」を必要とする授業を実施しており、入試においてもこの点を重視している
ことがうかがえます。こうした問題の対応策としては、何よりも読み聞かせです。お話の
記憶の得点は、読み聞かせの量に比例するとも言われています。読み聞かせの量を増やす
ことを心がけてください。その他のチェックポイントは、解答記号をしっかり書いている
か、点と点をしっかりと結べているか、線はしっかりと書けているかなどがあります。こ
うした点もしっかりとチェックしましょう。

【おすすめ問題集】
　　１話５分の読み聞かせお話集①②、　お話の記憶　初級編・中級編、
　　Ｊｒ・ウォッチャー19「お話の記憶」

問題16　　分野：図形（同図形探し）

〈 準 備 〉　鉛筆

〈 問 題 〉　左の模様と同じものを探して○をつけてください。

〈 時 間 〉　30秒

〈 解 答 〉　①真ん中　②左端

[2023年度出題]

 アドバイス

この問題を解くには、集中力、観察力、目の配り方などが求められますが、これも日常生
活で養うことができます。例えばトイレ掃除をお子さまにさせるとき、集中して掃除を
しなければ綺麗になりません。汚れが落ちていないのはどこかを観察しなければなりませ
ん。そして、目の配り方は、トイレ床の隅、便器の裏側など、普段目の届かない場所を観
なければなりません。こうした行為は、問題に集中して、細部にわたり観察する目を同時
に養うことができます。問題を解く時、「トイレ掃除をしたときを思い出してみて。床の
隅々までちゃんと見たでしょう。同じように問題の絵の隅々まで観察してみてごらん。」
などと声かけをし、お子さまが問題に集中するためのインスピレーションにするとよいで
しょう。学習では、解き方を教えるのではなく、解き方を見つけられる環境を作ってあげ
てください。

【おすすめ問題集】
　　Ｊｒ・ウォッチャー９「合成」、54「図形の構成」

〈準 備〉 鉛筆

〈問 題〉 ①今から言う名前と逆の順番に描いてある絵に○をつけてください。
「バナナ、リンゴ、メロン、リンゴ」
②真ん中の絵を見てください。この中の絵で３つだけしりとりのできるものがあります。その３つの絵に○をつけてください。
③この絵で「かぶる」という言葉を使うものはどれでしょう。選んで○をつけてください。

〈時 間〉 １分

〈解 答〉 下図参照

[2023年度出題]

 アドバイス

ハウツーでは解くことができず、話をしっかりと聞いていないと難しい問題です。お子さまの総合力を観る問題としては良問といえます。こうした問題にしっかりと対応できることで、当校の合格に近づくといっても過言ではありません。しっかりと考え、自分の力で判断して解答を導き出す必要があります。そのためには日常生活においても、自ら考え、判断し、決定することを取り入れ、それを繰り返していくことが必要です。近年、保護者の方の過干渉が増えているといわれています。それによって、自分の考えで、判断することができないお子さまが増えています。言葉遊びとして、普段の生活の中にも取り入れてみるとよいでしょう。

【おすすめ問題集】
Ｊｒ・ウォッチャー－18「いろいろな言葉」

〈 準 備 〉　鉛筆

〈 問 題 〉　同じコップが描いてあります。このコップには水が入っており、量はバラバラです。このとき、それぞれのコップに同じ量の青色の水を1滴いれたとき、どのコップが1番薄い色になるでしょう。○をつけてください。

〈 時 間 〉　10秒

〈 解 答 〉　下図参照

［2023年度出題］

 アドバイス

このような問題では、答え合わせをお子さま自身にさせることをおすすめします。まずは問題を解かせ、次にどうしてその答えになったのか、他はどうなるのかなどを質問し、論理的に合っているかを確認します。次に実際に具体物を用意し、問題と同じ実験を行います。その結果が、自分の答えと合っているかを確認させます。このような方法は図形問題においても取り入れることができます。自分で確認することで、同時に論理的思考力を鍛えることができ、力もついてきます。その後、類題をこなすことで、今得た知識の確認ができ、定着に近づけることができます。受験勉強では、解答効率に固執しがちになりますが、時間がかかる方法を取り入れた方が効果的な場合もあります。着実に力をつけていくようにしましょう。

【おすすめ問題集】
　Ｊｒ・ウォッチャー27「理科」、55「理科②」

問題19　分野：口頭試問

〈 準 備 〉　なし

〈 問 題 〉　この問題の絵はありません。
・お母さんに褒められるのはどんな時ですか。
・手を洗う時に、小さな子供が「いいから、はやく行こう」と言ったらどうしますか。
・小さな子が「砂場で作ったお城が壊れた」と言ってきたらどうしますか。
・子どもと先生が遊んでいる絵を見て質問されている。

〈 時 間 〉　適宜

〈 解 答 〉　省略

［2023年度出題］

アドバイス

日常生活におけるシチュエーションを想定し、回答を求められます。こういった問題では、回答ばかりを意識してはいけません。当校の面接は3人一組で実施されます。他のお友だちが質問されているときの、待っている姿勢も重要です。また、3人が同じ質問をされるかは不明です。予測をして待つことの危うさも理解しておく必要があります。こうした常識的な内容の場合、考えるのではなく即答できるようにしましょう。他の問題のアドバイスにも書いてありますが、こうした対策は日常生活の中にあり、知識として指導しても身に付きません。こういった問題の配点は保護者の方の躾力、価値観に基づきます。ですから、このような問題はお子さまを通して保護者を観ているといっても過言ではありません。こうした問題から学校側の考えを読み取るとよいでしょう。

【おすすめ問題集】
　　面接テスト問題集、新 口頭試問・個別テスト問題集

家庭学習のコツ②　「家庭学習ガイド」はママの味方！

問題演習を始める前に、試験の概要をまとめた「家庭学習ガイド（本書カラーページに掲載）」を読みましょう。「家庭学習ガイド」には、応募者数や試験課目の詳細のほか、学習を進める上で重要な情報が掲載されています。それらの情報で入試の傾向をつかみ、学習の方針を立ててから、対策学習を始めてください。

〈 準 備 〉　鉛筆

〈 問 題 〉　お話を聞いて後の質問に答えてください。

サルくんはおイモが大好きです。そこで、サルくん、ウサギさん、タヌキくんで、サルくんのおじさんの畑に、いっしょにおイモ掘りに行く約束をしました。サルくんは前の日から楽しみで、お母さんといっしょに、てるてる坊主を作って窓のところに下げました。そのおかげで、おイモ掘りに行く日は、とてもよい天気になりました。公園の前で待ち合わせをして、みんなはバスに乗っていきました。サルくんとウサギさんは、「たくさんおイモを食べたいね」とうれしくてわくわくした気持ちでしたが、タヌキくんは、静かに外を見ています。ウサギさんが「どうしたの」と聞くと、タヌキくんは、「きのうは雨だったでしょ。畑のおイモ、大丈夫かな」と心配そうな顔で答えました。おイモ畑に着くと、サルくんのおじさんがニコニコ笑いながら待っていてくれました。おじさんの後ろには、畑一面にサツマイモの葉がいっぱい広がっていました。「わあ、おイモだ」とサルくんはうれしそうな顔をしながら、早くおイモ掘りをしたくて、うずうずしています。おじさんの「おイモ掘り、はじめ〜！」の合図で、畑に向かって走りました。畑を掘っていると、大きいものや小さいもの、丸い形や細長い形、いろいろな形のおイモがたくさんあります。みんなでがんばって、たくさん採りました。お昼になって、サルくんのおじさんが、採ったサツマイモで、いろいろな料理を作ってくれました。焼いたり、天ぷらにしたり、とてもおいしそうです。でもサルくんは、料理ができるのが待てなくて、土や根がついたまま食べてしまいました。サルくんは、ウサギさんとタヌキくんとおじさんに笑われてしまいました。ウサギさん、タヌキくんはおいしいおイモをゆっくりたくさん食べました。食べ終わったら、もう帰る時間です。サルくんたちは、おじさんにお礼を言って、お土産に自分で掘ったサツマイモを持って元気にバスに乗りました。とても楽しい1日でした。

（問題20の絵を渡す）
①このお話に出てきていない動物はどれですか。選んで○をつけてください。
②おイモ掘りの日は、どんな天気でしたか。選んで○をつけてください。
③おイモ掘りに行くバスの中で、タヌキさんはどんな気持ちでしたか。選んで○をつけてください。
④サルくんが食べたおイモはどれですか。選んで○をつけてください。

〈 時 間 〉　各15秒

〈 解 答 〉　①左から2番目（イヌ）　②左端（晴れ）　③右から2番目（心配している）
④右端（根や土がついたまま）

［2022年度出題］

アドバイス

当校の「お話の記憶」は、登場人物も少なく、場面転換も少ないので、記憶しやすい内容となっています。お話の長さは900字弱と、小学校受験では一般的な長さでしょう。設問では、登場人物の気持ちや季節などのお話の背景を問うものが頻出となっています。確実に解答をするためには、お話を聞くときに、1つひとつの内容にこだわるのではなく、流れに沿って、情景を頭の中で描きながら聞くと、お話全体が記憶に残りやすくなります。読み聞かせをおすすめしますが、ただ読むだけではなく、慣れてきたら、時にはお話を途中で止めて、そこまでのお話をまとめ、「整理しながらお話を聞くこと」を取り入れてもよいでしょう。「お話の記憶」は、たくさんの要素が含まれており、すべての学習の基本ともいえます。ご家庭でもお話を読み聞かせた後に、そのお話についてお子さまといっしょに話し合ってみると、お話の理解度が増すでしょう。1つのお話からさまざまな要素を引き出す工夫をしてください。

【おすすめ問題集】
　1話5分の読み聞かせお話集①②、　お話の記憶　初級編・中級編、
　Jr・ウォッチャー19「お話の記憶」

問題21　　分野：図形（展開）

〈準備〉　鉛筆

〈問題〉　左の四角の折り紙を広げると、どんな線がついていますか。右から選んで〇をつけてください。

〈時間〉　1分30秒

〈解答〉　下図参照

[2022年度出題]

アドバイス

展開の問題には、本問のように折り跡を考えるもののほか、切り取った後の形や切り方を考えるものなど、さまざまな形式の問題があります。こういった問題にはじめて取り組むなら、実際に折り紙を用意し、お子さまとともに手を動かしながら練習してください。説明するよりも実際に作業した方が理解が得られます。そして、何回も行うことで頭の中で考えて解答を見つけられるようになります。実際の試験では、先生が前で折り紙を持って見せてくれたようです。そのため、紙面での練習に慣れたお子さまにとっては、難しくないでしょう。図形問題は当校の入試では頻出となっていますので、遊びの一環として楽しみながら練習するようにしましょう。

【おすすめ問題集】
　　Ｊｒ・ウォッチャー5「回転・展開」

問題22　分野：数量（一対多の対応）

〈 準 備 〉　鉛筆

〈 問 題 〉　子どもが4人います。全員、くつがちょうど履けるのは、どれですか。選んで○をつけてください。

〈 時 間 〉　30秒

〈 解 答 〉　右下

[2022年度出題]

 アドバイス

数量の問題です。当校の数量の問題は、日常生活においてお子さまがよく触れる数までしか出題されないという特徴があります。この問題では、靴の絵はバラバラになっていますが、4人分の靴の数が質問されています。靴が左右揃って一足ということは、お子さまも日常生活から理解しているはずです。そのため、入学試験で解答する際は、筆記用具でペアリングの印や、補助線などを引くことはせずに解答できるようにしてください。当校の入試は「年齢相応の常識があり、それをもとに行動することができるか」ということをもとに作られていますので、それぞれの分野の勉強ももちろん大切ですが、保護者の方は、お子さまに基本的な常識を身に付けることを意識してください。

【おすすめ問題集】
　　Ｊｒ・ウォッチャー37「選んで数える」、42「一対多の対応」

〈 準 備 〉 鉛筆

〈 問 題 〉 今から先生が言う言葉の絵を、言った順番に線でつないでください。
「家、時計、かさ、カタツムリ、ノート、つくえ、消しゴム」

〈 時 間 〉 適宜

〈 解 答 〉 下図参照

[2022年度出題]

 アドバイス

言語の問題です。イラストにはさまざまな種類のものや生き物が描かれていますが、しりとりや推理ではありません。年相応の語彙量は必要ですが、先生が言う言葉を聞きながら単純に線でつなげるだけですので、難しい問題ではありません。ここで気を付けなければならないのは、単純な見落としや勘違いによるミスでしょう。こういった問題は落ち着いて、1つひとつをていねいにつないでいき、確実に正解を狙いたいところです。語彙を増やすときは、単純に言葉の意味を覚えるのではなく、「どう使うのか」まで踏み込んだ対策学習も必要です。また、当校は筆記用具で鉛筆を使用します。持ち方もさることながら、充分な筆圧があるかも注意してください。

【おすすめ問題集】
　Ｊｒ・ウォッチャー18「いろいろな言葉」

問題24 常識（マナー）

〈 準 備 〉 鉛筆

〈 問 題 〉 ①（問題24-1の絵を見せて）
外国人の子が1人で遊んでいます。あなたならどうしますか。選んで○をつけてください。

②（問題24-2の絵を見せて）
お友だちのお家で嫌いな食べ物が出ました。あなたならどうしますか。選んで○をつけてください。

〈 時 間 〉 各30秒

〈 解 答 〉 省略

[2022年度出題]

アドバイス

当校の入試には、毎年このようなマナーや社会常識についての出題があります。中でも問題24-1のような、外国人との接し方に関する問題はここ数年頻出で、国際教育を行う系列校を持つ当校の求めている児童像が顕著に表れています。言葉が通じなくてもコミュニケーションをしようと試みる積極性を養うことが必要ですので、できる限りそのような機会を作ってあげましょう。また、この問題では「外国人」としていますが、通常のマナーとまったく違いはありません。ふだんから相手を思いやるように指導しておけば、自然に接することができるでしょう。24-2はお友だちのお家での食事のマナーです。本問では「我慢して食べる」（左下）を正解としていますが、「嫌い」ではなく「アレルギー」だった場合は、「食べない」が正解です。先生の説明をよく聞いて答えるようにしましょう。当校では、食物アレルギーのお子さまに対して、事前に書類を提出するように求めています。常識（マナー）の問題では、保護者の家庭教育の姿勢が観られています。保護者の方は日ごろからお子さまのお手本になるような行動を心がけてください。

【おすすめ問題集】
　　Ｊｒ・ウォッチャー56「マナーとルール」

問題25　分野：行動観察（グループ活動）

〈 準 備 〉　紙皿30枚（表を白、裏を茶色に塗る）、鬼の絵を描いた紙皿１枚

〈 問 題 〉　**この問題の絵はありません。**
　　　　　　①※この問題は10人ずつのチーム（白チーム、茶色チーム）で行う。
　　　　　　　※紙皿30枚をランダムに並べる。
　　　　　　　チームのみんなで協力して、紙皿を自分のチームの色に変えてください。
　　　　　　　ゲームは２回行います。

　　　　　　②今から鬼ごっこをします。まずじゃんけんで鬼を決めましょう。鬼の人は、鬼の絵が描いてある紙皿をおでこにつけて動きます。それ以外の人は、両手を前に出して動いてください。鬼にタッチされたら、鬼から紙皿をもらって、自分のおでこにつけてください。そして、その場所で、目をつぶって２回まわってください。２回まわったら次は鬼になって、鬼ごっこを続けましょう。鬼ごっこの間、走ってはいけません。

〈 時 間 〉　各３分

〈 解 答 〉　省略

[2022年度出題]

アドバイス

コロナ禍の情勢を配慮し、2021年度はグループでの行動観察は行われませんでしたが、2022年度は例年通りの出題となりました。グループ別に2つのゲームが行われましたが、ここではゲームの勝ち負けは評価には関係なく、はじめて会うお友だちと協力しながらゲームに取り組めるかということがポイントになります。積極的に取り組み、リーダーシップを発揮する子、控えめではあるが、グループの和を乱さず、てきぱきと動ける子、マイペースに行う子など、さまざまなお子さまがいます。お子さまがどのような性格かを保護者の方は理解し、協調性を大切にした行動ができるように、日頃の遊びの中から学ばせてください。また、一見楽しいだけの課題のように見えて、指示がかなり複雑です。よく理解してから行動するようにしてください。

【おすすめ問題集】
　　Ｊｒ・ウォッチャー29「行動観察」

問題26　　分野：行動観察（指示行動）

〈 準 備 〉　なし

〈 問 題 〉　**この問題の絵はありません。**
　　　　　　①『チコちゃんに叱られる！』の歌に合わせて、先生のまねをして踊ってください。
　　　　　　②今から先生とじゃんけんをします。先生が出した後に、みなさんは先生に勝つように出してください。

〈 時 間 〉　適宜

〈 解 答 〉　省略

[2022年度出題]

 アドバイス

模倣体操は、上手に踊れるかどうかではなく、子どもらしく元気に体を動かすことができれば十分です。前年度は人気テレビ番組のキャラクターの曲が採用されました。人気キャラクターの曲を使うところに、受験者の緊張をほぐし、受験を楽しんでもらおうとする当校の工夫が感じられる問題です。また、例年、体育館に入るときに雑巾で靴底を拭って入ります。しかし、このことに関しての具体的な指示はありません。当校受験の基本的なマナーとして身に付けておきましょう。後出しじゃんけんは、先生の指示をしっかり聞いて行えば難しい課題ではありません。落ち着いて、最後まで先生の言葉を聞いてから取り組みましょう。発展的な内容としては、後出しじゃんけんで「引き分ける」「負ける」という指示もあります。いろいろと織り交ぜて、楽しみながら行ってください。

【おすすめ問題集】
　　Ｊｒ・ウォッチャー28「運動」、29「行動観察」

〈 準 備 〉　なし

〈 問 題 〉　①面接
・今日はどうやってこの学校に来ましたか。
・得意／苦手なことはありますか。それはなんですか。
・きのうの夜／今日の朝は何を食べましたか。
・好きな遊び／昔話はなんですか。それはどうしてですか。
・お父さんやお母さんにほめられたことがありますか。何をしてほめられましたか。

②口頭試問
・（問題27の絵のどれかを指して）
なんの絵ですか。「です」をつけないで言ってください。
・あなたはウサギさんです。ウサギさんとネコさんがトランプをしています。ネコさんがウサギさんのトランプを破ってしまいました。ネコさんが帰った後、ウサギさんは自分のお母さんになんと言いますか。それを聞いて、ウサギさんのお母さんはなんと言うと思いますか。

〈 時 間 〉　適宜

〈 解 答 〉　省略

[2022年度出題]

 アドバイス

当校の面接は、例年３名１組のグループで行われています。面接官は１名です。2022年度は、回答するときには面接官と１対１になり、ほかの２名はうしろの壁に貼ってある絵を見て、間違い探しをしながら順番を待つよう変更されました。これまでは３名同時に行われ、先に答えたお子さまに影響されてしまうという独特の難しさもあったのですが、2022年度はその点が変更されたようです。面接で聞かれた内容は、ごく一般的なものがほとんどでした。そのため、答える内容だけではなく、コミュニケーション能力やあいさつ、受け答えをするときの態度も評価の対象となります。先生の質問をよく聞いてちゃんと答えられるよう、お子さまと対面形式で練習をしておきましょう。口頭試問では、「もちつき」や「きつつき」など、普段の生活ではあまり見慣れないものの絵が提示されるため、ある程度の常識や、言葉を正確に相手に伝えられることが必要です。最後に、「あなたのお母さんはなんて言うと思いますか」と質問されています。お子さまは多くの場合、身近な保護者の方の対応を思い浮かべて回答します。当校としては、問題を通して保護者がどのような方なのかも観ています。

【おすすめ問題集】
面接テスト問題集、新 口頭試問・個別テスト問題集

〈準　備〉　鉛筆

〈問　題〉　この絵の中で、交通ルールを守っている人を選んで〇をつけてください。

〈時　間〉　30秒

〈解　答〉　右から2番目（手を挙げて渡っている）

［2021年度出題］

 アドバイス

交通ルールについての問題です。当校の入試には、毎年このようなマナーや社会常識についての出題があります。特に交通ルールや公共交通機関でどのようにふるまうべきなのかは入学前に知っておいてほしい、ということで出題されるのでしょう。ここでは、ふだんお子さまにどのように指導しているか、またお子さまの安全をきちんと考えているかどうかを、保護者の方に問われていると考えてください。学校側は、保護者の家庭教育の姿勢をとても重視していますから、保護者の方ご自身が、お子さまのお手本になるような行動をしているかどうかをチェックしているというわけです。今回は出題されませんでしたが、海外の方とどのように対応するかについても、よく出題されます。これは、国際学級を設置したり、中等教育学校が併設されたりしている同校の特徴を表している設問です。といっても難しいことを聞いているわけではありません。基本的には、国籍が異なる方とでもわけ隔てなく接することができればよいのです。

【おすすめ問題集】
　　Ｊｒ・ウォッチャー56「マナーとルール」

問題29　分野：推理（欠所補完）

〈準　備〉　鉛筆

〈問　題〉　上の段の絵の「？」が書いてある四角にあてはまるものを、下の段から選んで〇をつけてください。

〈時　間〉　30秒

〈解　答〉　右端

［2021年度出題］

アドバイス

欠所補完の問題です。一般的なパズルの問題とは異なり、あらかじめ絵の完成図は示されていません。解答する際には、頭の中で完成図を描いてから当てはまる絵を選ぶことになります。ここで必要になるのは、欠けている部分を把握する観察力、それを頭の中で補う想像力、選んだパーツが適切かどうかを検証する推理力の３つです。本問では、完成図から大きく外れた図が出題されているわけではありませんが、設問によっては異なる絵のピースを混じえて出題されることもあります。学習の際には、問題用紙を切り抜いてパズルを作り、実際に当てはめてみてください。その際には、当てはめる前に欠けた部分に何が入るのかを類推したり、ピースの途切れている線の位置を把握したり、といったことをしてみましょう。欠けた部分を描き足してみるのも効果的です。

【おすすめ問題集】
　　Ｊｒ・ウォッチャー59「欠所補完」

| 問題30 | 分野：数量（たし算） |

〈 準 備 〉　鉛筆

〈 問 題 〉　輪投げをしている人が、最初に輪を何本持っていたのかを考えて、その数だけ下
　　　　　　の四角の中に○を書いてください。

〈 時 間 〉　30秒

〈 解 答 〉　○：5

[2021年度出題]

 アドバイス

この問題は、描かれている輪に１つずつ印を付けながら数えても十分に解答できますが、小学校受験ではもう少し複雑な問題が出される場合もあります。ここでは、計算そのものではなく、年齢層にふさわしい数の感覚を持っているかどうかが問われています。数の感覚を身に付けるのに効果的なのは、おはじきなどの具体物を用いた学習です。この問題の場合には、輪の上におはじきを置いておき、それを集めておはじきの数をかぞえます。また、日常生活のお手伝いでも、数の感覚を身に付けることができます。この場合、慣れてきたらあらかじめ２本フォークを置いておき「５本必要だから残りの数をもってきてね」と頼んでみるなど、少し難しい内容に発展させていくこともできます。

【おすすめ問題集】
　　Ｊｒ・ウォッチャー38「たし算・ひき算１」、39「たし算・ひき算２」

〈準　備〉　B4サイズの模造紙6枚（床に置いておく）
　　　　　　マーカー（緑・オレンジ・青・赤・黒・ピンク）の入ったかご

〈問　題〉　**この問題の絵はありません。**
　　　　　　自由に絵を描いてください。

〈時　間〉　5〜10分

〈解　答〉　省略

[2021年度出題]

 アドバイス

口頭試問の待ち時間に行われました。5人のグループでの待機でしたが、1人で描いても
お友だちと描いてもよかったようです。このような自由課題の問題では、描いた絵が上手
かどうかよりも、泣いたり騒いだりせず、おとなしく待っていられることや、言われたこ
とをきちんと守っていることが求められます。このような問題に限らず、来校中のすべて
の場面において、ほかのお子さまに迷惑をかけたり、協調性に欠ける態度が観られたりす
ると、減点の対象になることがあります。日常生活で、お子さまにそうした言動が見られ
たときには、保護者の方がしっかり注意して、繰り返さないよう促してください。また校
内では保護者の方ご自身も観られていることを意識してください。

【おすすめ問題集】
　　Ｊｒ・ウォッチャー24「絵画」

問題32　分野：口頭試問

〈準　備〉　なし

〈問　題〉　①（問題32-1の絵を見せて）
　　　　　　大きなクマと小さなクマ、それにリスがいます。キツネが「みんなで食べて
　　　　　　よ」と、ピザを持ってきました。どのように分ければよいでしょう。絵から1
　　　　　　つ選んでください。また、どうしてそう思ったのかを答えてください。
　　　　　　②（問題32-2の絵を見せて）
　　　　　　（もちつきまたは扇風機を指さして）これは何ですか？

〈時　間〉　5分程度

〈解　答〉　①真ん中　②省略

[2021年度出題]

アドバイス

①は図形についてというより、お子さまの考え方をうかがおうという問題です。大きなクマがたくさん食べるから多く分ける、大きなクマ→小さなクマ→リスの順に大きくする、という考え方でも間違いではないのですが、「不公平では？」と言われると返す言葉がないので、答えを「真ん中」としています。また、選択肢には3等分した絵しかないので、キツネの分は考えなくてよいでしょう。②のもちつきは日常的に行うものではありませんし、冷房にはクーラーだけを使い、扇風機は使っていないご家庭もあるかもしれません。小学校入試では、少し昔の習慣や生活用品が出題されることもありますから、知識だけでもよいので折に触れて教えるようにしてください。

【おすすめ問題集】
　　新　口頭試問・個別テスト問題集

問題33　分野：志願者面接

〈 準 備 〉　なし

〈 問 題 〉　この問題の絵はありません。
　　・家族の人とケンカをすることがありますか。
　　・家族の人にギューッと抱きしめられたことはありますか。それは、どんな時ですか。
　　・仲のよいお友だちの名前を教えてください。
　　・そのお友だちが、あなたが積んだ積み木を倒してしまったらどうしますか。
　　・電車の中で、目の前にいた人が手袋を落としました。あなたはどうしますか。
　　・マスクを取ってみてください

〈 時 間 〉　10分程度

〈 解 答 〉　①真ん中　②省略

 アドバイス

面接では家族の方との関係、お友だちとの関係についての質問が多かったようです。当校の面接はお子さまだけを対象に行われるので、学校は、お子さまの返答を通じてご家庭の様子や、保護者の方の躾や教育観を知ることとなります。また、お友だちとの関係を問う質問からは、入学後の学校生活を円滑に行うことができるかどうかを判断しようとしていると思われます。面接では、答える内容だけでなく、質問される時や答える時の態度も評価の対象になります。明るくハキハキと答えられると好印象です。2021年度はコロナ禍による感染拡大防止のため、各人は検温や消毒、マスクの着用が行われたほか、会場では換気をしたり、人と人との間隔を確保したりと厳重な対策のもとで行われました。ただし、お子さまの表情を観るために、一時的にマスクを取るよう促されることもあったようです。

【おすすめ問題集】
　　面接テスト問題集

問題34　分野：図形（展開）

〈準備〉　鉛筆

〈問題〉　左の四角を見てください。この折り紙を広げたとき、どのようになっているでしょうか。正しいものを右の四角から選んで○をつけてください。

〈時間〉　30秒

〈解答〉　①左端　②左端

[2021年度出題]

 アドバイス

当校では例年、図形分野の問題が出題されています。この問題は、左の見本の図形を広げたもので正しいものを選ぶ「展開」の問題です。この問題で必要なのは、折り紙を広げた状態をイメージできることです。例えば①の問題ですが、折れ線の真ん中に半円の穴が空いていると、それを広げれば丸い穴となります。つまり、空いている穴があれば、折れ線で対称になるということですが、言葉だけで説明してもなかなか理解できるものではないでしょう。「展開」の問題は大人にとっても簡単なものではありませんから、小学校受験のペーパーテストでは「難問」の1つです。ですから、お子さまが解けなかったとしても落ち込む必要はありません。実際に折り紙を用意して問題同様に折って、穴を開け、展開してみましょう。特に図形の問題にいえることですが、実際にやってみることが1番効果的な対策です。実物を使うことで、何度もペーパー学習を繰り返すことよりも、確実に理解が深まります。

【おすすめ問題集】
　Ｊｒ・ウォッチャー５「回転・展開」、８「対称」

問題35　分野：数量（ひき算・選んで数える）

〈準備〉　鉛筆

〈問題〉　おにぎりとお皿をそれぞれ同じ数を揃えていましたが、イヌがおにぎりを食べてしまったので、おにぎりが足りなくなってしまいました。イヌはいくつのおにぎりを食べたのでしょうか。その数だけ下の四角に○をつけてください。

〈時間〉　1分

〈解答〉　○：2

[2020年度出題]

アドバイス

当校では数量の問題も頻出分野の1つです。この問題にはお皿の数とおにぎりの数を先にかぞえてから、その差から答えを出すやり方と、お皿1枚、おにぎり1つを1人分のセットとして作っていき、余ったお皿の数で答えを出すやり方の2つの方法があります。最初のやり方では、お子さまが1～10の数をかぞえられることが大切になってきます。もう1つのやり方では、それぞれをセットにする、生活体験を伴った考え方が大切になってきます。どちらの考え方でもよいのですが、基礎として、おはじきなどの実物を使った学習をすると、お子さまの理解が深まります。問題同様に色の違うおはじき（赤をお皿、青をおにぎりとする）を置いてみてください。最初のやり方の場合、まず赤のおはじきを取り出して、1列に並べます。そして同じように青のおはじきを取り出して、赤と平行にして並べてみてください。そうすると青のおはじきが2つ少ないことから、足りないおにぎりが2つであることがわかります。もう1つの解き方については、赤と青をそれぞれ1つずつ取り出していくと、最後に赤のおはじきが2つ余りますから、おにぎりが2つ少ないということがわかります。

【おすすめ問題集】
　　Ｊｒ・ウォッチャー37「選んで数える」、38「たし算・ひき算1」、
　　39「たし算・ひき算2」、42「一対多の対応」

問題36　　分野：常識（マナー・知識）

〈準　備〉　鉛筆

〈問　題〉　①左上の絵を見てください。短いホースで水を遠くまで飛ばすには、どうしたらよいと思いますか。「頭の上で振る」だと思う人は「○」を、「ホースの先をつまむ」だと思う人は「△」を、「ふつうにとばす」だと思う人は「×」を書いてください。
　　　　　②右上の絵を見てください。外国人のお友だちが、お箸を使えずに困っています。あなたならどうしますか。「教えてあげる」だと思う人は「○」を、「大人を呼ぶ」だと思う人は「△」を、「放っておく」だと思う人は「×」を書いてください。
　　　　　③左下の絵を見てください。みんなで積み木を使って遊んでいますが、1人だけ輪に入っていない子がいます。あなたならどうしますか。「放っておく」だと思う人は「○」を、「あの子1人で遊んでるとみんなに言う」だと思う人は「△」を、「ねえ、いっしょに遊ぼうと声かける」だと思う人は「×」を書いてください。
　　　　　④右下の絵を見てください。家族でご飯を食べています。どのように食べますか。「おしゃべりをしながら」だと思う人は「○」を、「勉強をしながら」だと思う人は「△」を、「テレビをみながら」だと思う人は「×」を書いてください。

〈時　間〉　各15秒

〈解答例〉　①△　②○　③×　④○

[2020年度出題]

当校で例年出題されている、さまざまなできごとに対してどのように対応するかを答える問題です。当校は国際学級があるなど、グローバルな学習が特徴的なので、入試問題でも、外国のお友だちにどう対応するかということがよく出題されています。言うまでもなく、国籍など関係なく接するということが大切になります。②の問題は外国籍のお友だち、③は同じ国籍のお友だちに対してですが、同じように対応するということを心掛けましょう。④の問題も同じです。この問題では家族と食事をとっていますが、家族同様にほかの人と食事を取る場合のマナーも大切です。昨今では生活様式も多様性を増していますが、当校を志願されるのであれば、「ながら」の食事は好ましくないと考えましょう。つまり、②③④は国籍・年齢に関係なく、どのようにコミュニケーションを取るかを観られているのです。他の人と話すこと自体があまり得意ではないお子さまもいるでしょう。そのようなお子さまには、ふだん足を運ばない公園などに出掛け、わざと知らないお友だちと遊ばせてみましょう。この問題だけでなく、行動観察の問題の対策にもなります。①の問題は、実際にホースを使って経験していないと解くことができない生活体験の常識問題です。ですから、解けなくても経験させれば問題ないでしょう。お子さまにホースを持たせ、どのようにしたら水を遠くへ飛ばせるか、経験させてください。

【おすすめ問題集】
　　Ｊｒ・ウォッチャー29「行動観察」、56「マナーとルール」

問題37　　分野：行動観察

〈 準 備 〉　お盆、ピンポン玉、カゴ

〈 問 題 〉　**この問題の絵はありません。**
　　　　　①２人組を作り、ボール運びゲームをします。
　　　　　②ペアになったお友だちと２人で、お盆の上にピンポン玉をのせて線の内側で待っている。先生の「はじめ！」の指示を聞いて、ペアのお友だちとお盆を持ちながら走り、遠くに置いてあるカゴの中へピンポン玉を入れてください。戻ってくる時もお友だちとお盆を持ちながら戻ってください。
　　　　　③落とした時は、そのまま次の２人と交代してください。
　　　　　④先生の「やめ！」という指示で、ゲームを終えてください。
　　　　　⑤ピンポン玉が多く入っているグループが勝ちです。
　　　　　※２人組の組み合わせを変えながら、３回ほど行う。

〈 時 間 〉　１分

〈 解 答 〉　省略

[2020年度出題]

アドバイス

この行動観察では、はじめて会うお友だちと協力しながら課題に取り組めるかどうかがポイントとなります。2人でお盆を持ってピンポン玉を運ぶという作業は、お互いの歩幅、持っている位置などを合わせないと、上手くできません。ですから、自分勝手な態度をとったり、逆に遠慮しすぎることはよい結果につながりません。お互いがしっかりと協調し合えるよう、掛け声をかけたり、相談したりできるとよいでしょう。また課題がリレー形式なので、結果を意識してしまいがちですが、保護者の方は、ここで観られているのは取り組む姿勢や態度である、ということをお子さまに意識させるようにしてください。お子さま自身だけでなく、ほかのお友だちも楽しめるように取り組むことができれば評価はよいものとなるでしょう。

【おすすめ問題集】
　Ｊｒ・ウォッチャー29「行動観察」

問題38　　分野：面接・口頭試問

〈準　備〉　ペットボトルのキャップ（5個ぐらい）

〈問　題〉　※3名ずつのグループで行われます。
　　　　　①質問1
　　　　　・今日はここまで、どうやって来ましたか。
　　　　　・お名前を教えてください。
　　　　　②質問2
　　　　　・何か植物や動物を飼っていますか。何を飼っていますか。
　　　　　　（飼っていなかったら、何を飼いたいですか。）
　　　　　・異性と遊ぶとするなら、何をして遊びますか。
　　　　　・お友だちが公園で困っています。あなたならどうしますか。
　　　　　③質問3
　　　　　（問題38の絵を見せて）
　　　　　・これは何ですか。（右上の絵は建物を指す）
　　　　　④質問4
　　　　　　ペットボトルのキャップがここにあります。これで遊ぶとしたら、どのように
　　　　　　遊びますか。実際に今、遊んでみてください。

〈時　間〉　1分

〈解　答〉　省略

[2020年度出題]

家庭学習のコツ❸　**効果的な学習方法～問題集を通読する**──────

過去問題集を始めるにあたり、いきなり問題に取り組んではいませんか？　それでは本書を有効活用しているとは言えません。まず、保護者の方が、すべてを一通り読み、当校の傾向、ポイント、問題のアドバイスを頭に入れてください。そうすることにより、保護者の方の指導力がアップします。また、日常生活のさまざまなことから、保護者の方自身が「作問」することができるようになっていきます。

アドバイス

例年、当校の面接は3名1組のグループで行われます。2020年度入試では面接官は1人でした。順番に質問に答えていく形式なので、ほかの子の答えに影響されてしまうという独特の難しさがあります。面接対策におけるポイントとして、答えを1つだけ準備するのではなく、複数用意しておくとよいでしょう。また、ほかの子と回答がかぶっても問題はありません。正直に同じであるということを伝えることが大切です。自分の考え、思うこと、その理由などを自分の知っている言葉で伝えられる練習を繰り返しましょう。

【おすすめ問題集】
　面接テスト問題集、新　口頭試問・個別テスト問題集

問題39　分野：制作

〈準　備〉　落ち葉（複数枚）、細い木の枝（複数本）、画用紙（白）

〈問　題〉　この問題の絵はありません。
　　　　　①準備したものを使い、画用紙の上で何か好きなものを作ってください。
　　　　　（作り終えたら）
　　　　　②作り上げたものは何ですか。教えてください。

〈時　間〉　適宜

〈解　答〉　省略

[2020年度出題]

 アドバイス

制作の問題ですが、準備物がクレヨンや絵の具ではなく、落ち葉や細い木の枝なので、「何か好きなもの」を作ってください、と指示されても何を作ればよいのかわからない子が多いと思います。その意味では非常に難しい問題といえるでしょう。お子さま自身の今までの経験から、落ち葉や細い木の枝を使って何ができるかを考えなければいけません。お子さまが戸惑うようであれば、保護者の方といっしょに考えていきましょう。例えば、落ち葉や木の枝を何かに例えるということも1つの方法です。「お子さまに何の形に似ている？」と質問し、お子さまが答えたものをヒントに何ができるのか考えてみてください。例えば、お子さまが「羽」と答えたならば、保護者の方が「じゃあ羽のついたものを作ろうよ」というようにです。準備物そのものが制作向けのものではないので、出来上がった作品を見ても、抽象的で今ひとつ何かわからないものかもしれません。どういう点でそれらしさを表現した、ということを説明できれば評価へとつながります。

【おすすめ問題集】
　Ｊｒ・ウォッチャー25「生活巧緻性」

〈 準 備 〉 鉛筆

〈 問 題 〉 お話をよく聞いて、後の質問に答えてください。

明日は動物村の運動会の日です。小鳥さんは運動会に参加するみんなの様子を見て回りました。ウサギくんは、「明日は１等賞をとるぞ」と張り切って、庭を走っています。タヌキくんは、「つなひきでは絶対負けないぞ」と言って、晩ごはんをおかわりしました。キツネさんは熱を出して寝ています。「みんなとダンスをしたかったのになあ」と言いながら、残念そうな顔をしています。明日はお休みですね。カメさんは、「ビリになるのはいやだなあ。明日は雨が降らないかなあ」と、しぶしぶ準備をしています。
次の日の朝、おひさまが出ると、小鳥さんはとてもきれいな歌声で「ラララ〜、みんなおはよう」と、みんなを起こしました。公園にみんなが集まって、運動会が始まりました。はじめの種目はつなひきです。ウサギくんチームとタヌキくんチームに分かれてつなを引きます。「エイッ」みんな力一杯つなを引っ張り、タヌキくんチームが勝ちました。次はダンスです。みんなで輪になって踊りました。「キツネさんといっしょに踊りたかったね」とウサギくんは残念そうに言いました。その次はかけっこです。「ヨーイドン」と合図が鳴り、みんな一斉に走り出しました。カメさんは一生懸命走りましたが、ウサギくんとタヌキくんはずっと先まで行ってしまいました。「あーあ、ビリになっちゃうなあ」と思いましたが、それでも走っていると、途中でタヌキくんが転んでしまいました。「タヌキくん大丈夫かい」とカメさんが声をかけると、「イテテ、もう走れないや。僕の分まで頑張って」とタヌキくんは答えました。またしばらく走っていると、今度はウサギくんが休んでいます。「ウサギくん、大丈夫かい」とカメさんが言うと、「少し休んだら追いかけるよ。負けないからね」と言いました。カメさんはそのまま、走り続けました。ゴールが見えてきた時、後ろからウサギくんが追いかけてきました。カメさんは抜かれたくないので、ゴールまで急ぎました。「ゴールイン」勝ったのはカメさんです。ウサギくんは、あと１歩のところで追いつけませんでした。「やった。１等だ」カメさんは大よろこびです。「カメさん、おめでとう」後からゴールしたタヌキくんとウサギくんも、お祝いの声をかけてくれました。

（問題40の絵を渡す）
①左上の絵を見てください。運動会の前の日に、「つなひきでは絶対負けないぞ」と言ったのは誰ですか。選んで○をつけてください。
②右上の絵を見てください。運動会をお休みしたのは誰ですか。○をつけてください。また、なぜ運動会を休んだのですか。「ねぼうをしたから」だと思う人は「○」を、「熱を出したから」だと思う人は「△」を、「ビリになるのがいやだから」だと思う人は「×」を、右上の四角に書いてください。
③カメさんはなぜ、「明日は雨が降らないかなあ」と思ったのですか。「風邪をひいたから」だと思う人は「○」を、「みんなとダンスをしたいから」だと思う人は「△」を、「かけっこに出たくないから」だと思う人は「×」を左下の四角に書いてください。
④右下の絵を見てください。かけっこで勝ったのは誰ですか。選んで○をつけてください。

〈 時 間 〉 各15秒

〈 解 答 〉 ①タヌキ ②キツネ 理由：△ ③× ④カメ

[2019年度出題]

アドバイス

お話の記憶の問題です。実際の試験では、女性の声を録音した音源が使用されました。お話は2018年度よりも少し長くなりましたが、その内容は例年とほとんど変わっていません。また、当校の特徴の1つである、登場人物の言葉の理由を問う質問が、2019年度も出題されています。そのため、聞き取る、覚える、理由を考えるの3点を重視した対策練習をすすめるとよいでしょう。お話を聞き取り、覚えることについては、基本的な読み聞かせをくり返すことで、長いお話でも正確に覚えられるようになります。登場人物のそれぞれに対して、「誰が、（何を）どうした」を把握できるようにしてください。理由を考える時は、登場人物の行動やセリフをヒントに考えます。「熱を出したので（理由）」「運動会はお休み（結果）」というように、理由と結果をつなげると、覚えやすいかもしれません。③は、少しひねった問題です。雨が降ってほしい直接の理由は説明されていませんが、「ビリになるのはいやだなあ」という言葉からカメさんの気持ちを考えると、「かけっこに出たくない」という理由が思い浮かべられるでしょう。

【おすすめ問題集】
　　1話5分の読み聞かせお話集①②、　お話の記憶　初級編・中級編、
　　Ｊｒ・ウォッチャー19「お話の記憶」

2025 年度　学芸大附属大泉小　過去　無断複製／転載を禁ずる　日本学習図書株式会社

日本学習図書株式会社

問題 2-2

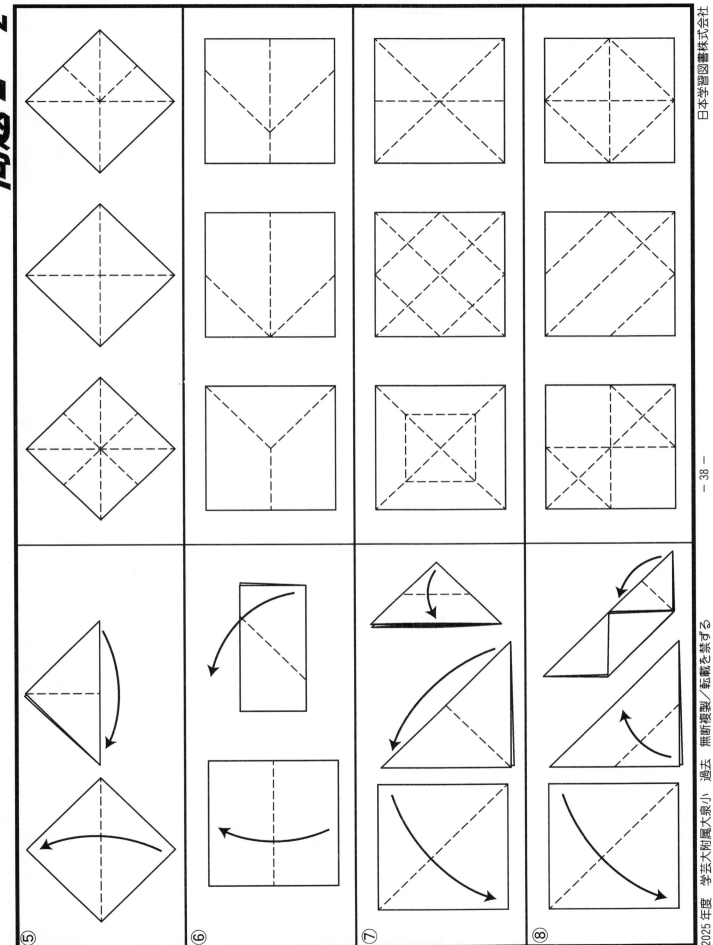

日本学習図書株式会社

2025 年度　学芸大附属大泉小　過去　無断複製／転載を禁ずる

日本学習図書株式会社

④

⑤

⑥

日本学習図書株式会社

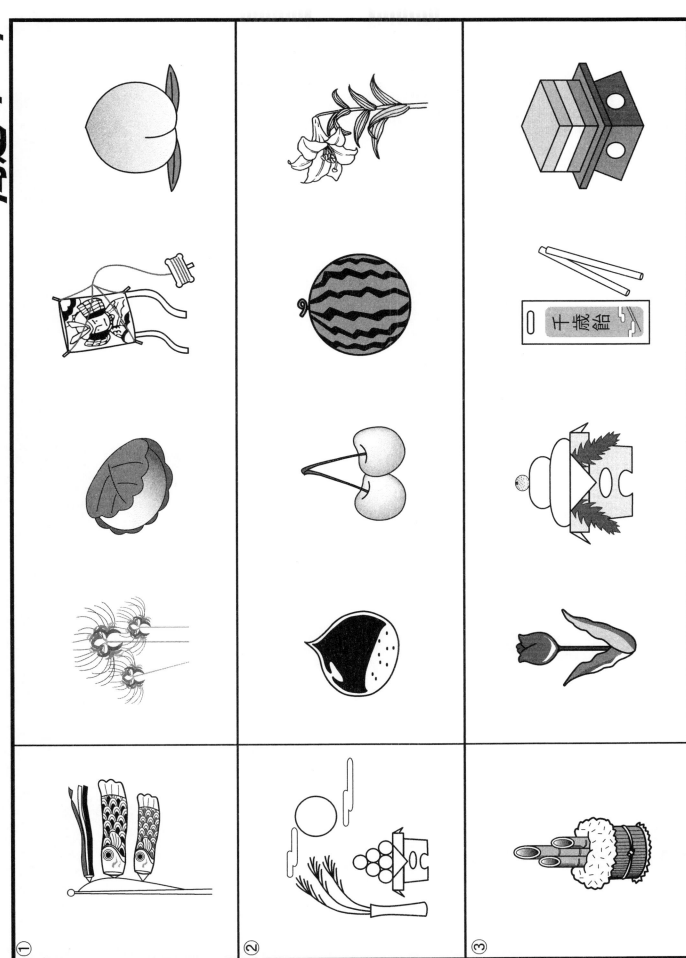

2025 年度　学芸大附属大泉小　過去　無断複製／転載を禁ずる

日本学習図書株式会社

① ② ③ ④

日本学習図書株式会社

日本学習図書株式会社

問題 6 − 1

日本学習図書株式会社

問題 6−2

2025 年度 学芸大附属大泉小 過去 無断複製／転載を禁ずる 日本学習図書株式会社

日本学習図書株式会社

問題１０

①

②

③

2025 年度　学芸大附属大泉小　過去　無断複製／転載を禁ずる　　　　日本学習図書株式会社

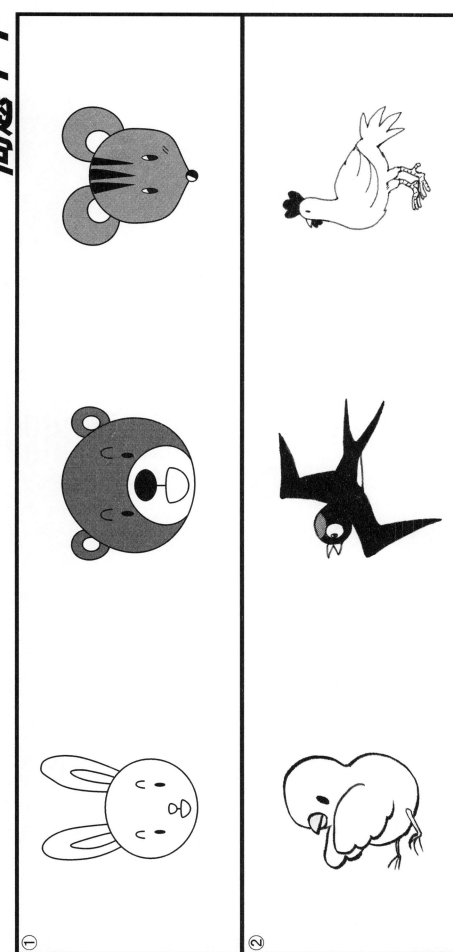

2025 年度　学芸大附属大泉小　過去　無断複製／転載を禁ずる　　　日本学習図書株式会社

日本学習図書株式会社

問題14

①列の先頭同士でジャンケンをする。
②負けたら移動し、体育座りで待つ。
勝ったら列に残り、①を繰り返す。

①代表者が先頭に立ち、先生と
ジャンケンをする。
②負けたら列の後ろに移動し、
次の子が代表者になる。
③勝ったらボールをもらい、
箱めがけて投げる。
(ボールを1回地面で弾ませること)

日本学習図書株式会社

日本学習図書株式会社

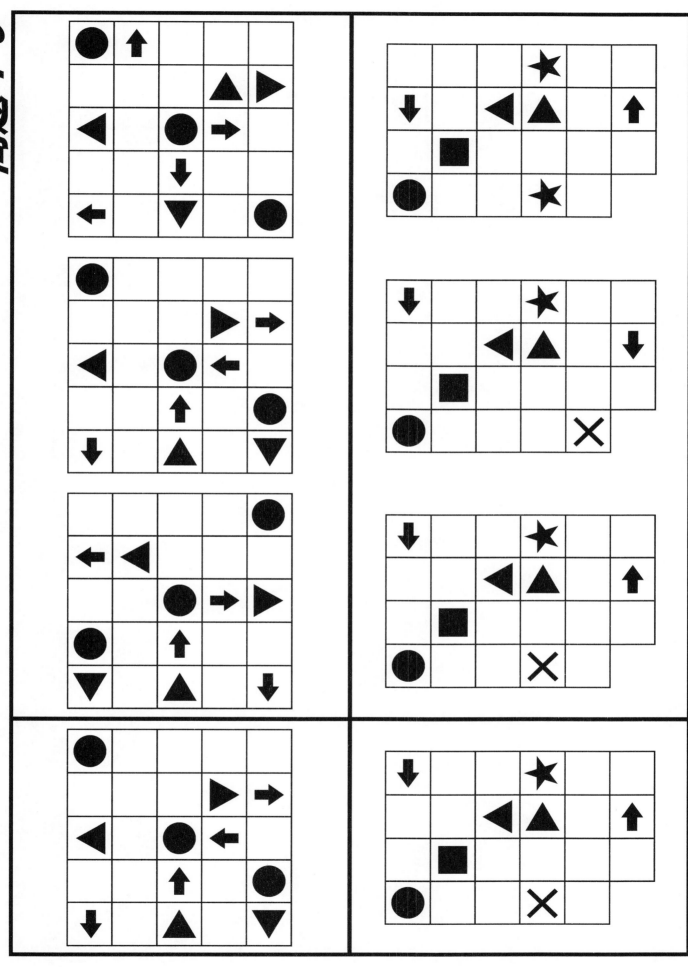

2025 年度　学芸大附属大泉小　過去　無断複製／転載を禁ずる　　日本学習図書株式会社

①

②

③

日本学習図書株式会社

問題20

①

②

③

④

2025 年度　学芸大附属大泉小　過去　無断複製／転載を禁ずる　日本学習図書株式会社

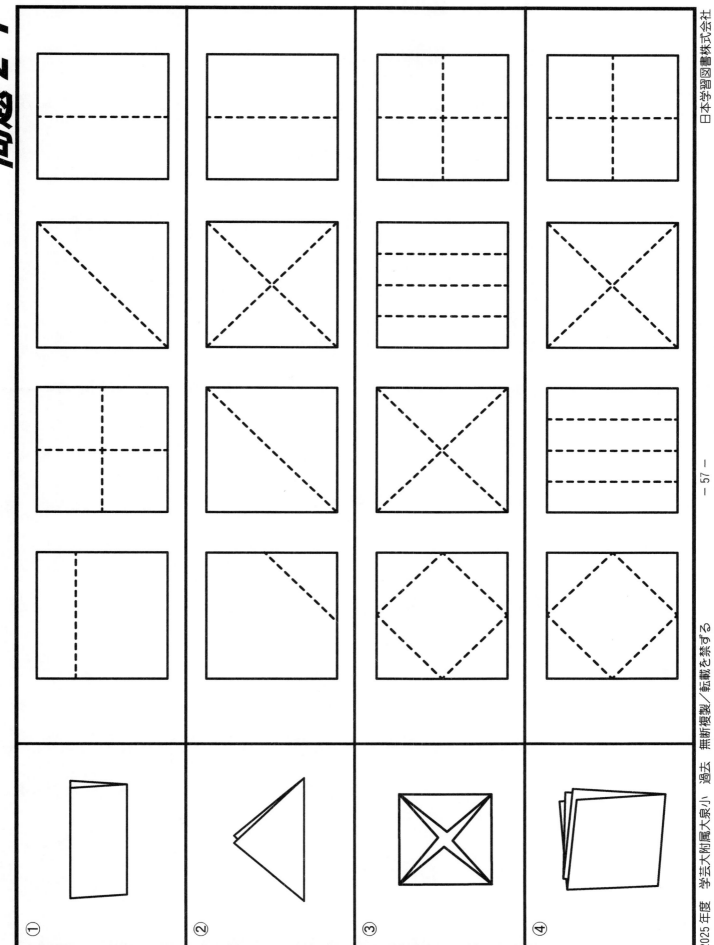

問題２１

2025 年度　学芸大附属大泉小　過去　無断複製／転載を禁ずる　日本学習図書株式会社

2025 年度　学芸大附属大泉小　過去　無断複製／転載を禁ずる　　日本学習図書株式会社

日本学習図書株式会社

日本学習図書株式会社

2025 年度　学芸大附属大泉小　過去　無断複製／転載を禁ずる　　日本学習図書株式会社

日本学習図書株式会社

2025年度　学芸大附属大泉小　過去　無断複製／転載を禁ずる

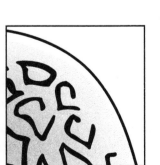

2025 年度　学芸大附属大泉小　過去　無断複製／転載を禁ずる

日本学習図書株式会社

日本学習図書株式会社

日本学習図書株式会社

2025年度　学芸大附属大泉小　過去　無断複製／転載を禁ずる　日本学習図書株式会社

②

①

④

③

日本学習図書株式会社

日本学習図書株式会社

① ② ③ ④

日本学習図書株式会社

2025 年度　学芸大附属大泉小　過去　無断複製／転載を禁ずる

☆国・私立小学校受験アンケート☆

ご記入日　　年　月　日

※可能な範囲でご記入下さい。選択肢は〇で囲んで下さい。

〈小学校名〉＿＿＿＿＿＿＿＿＿　〈お子さまの性別〉男・女　〈誕生月〉＿＿月

〈その他の受験校〉 （複数回答可）＿＿＿＿＿＿＿＿＿＿＿＿＿＿＿

〈受験日〉①：＿＿月＿＿日 〈時間〉＿＿時＿＿分　〜　＿＿時＿＿分

　　　　　②：＿＿月＿＿日 〈時間〉＿＿時＿＿分　〜　＿＿時＿＿分

〈受験者数〉 男女計＿＿名 （男子＿＿名 女子＿＿名）

〈お子さまの服装〉 ＿＿＿＿＿＿＿＿＿＿＿＿＿＿＿

〈入試全体の流れ〉 （記入例）準備体操→行動観察→ペーパーテスト

＿＿＿＿＿＿＿＿＿＿＿＿＿＿＿＿＿

Eメールによる情報提供

日本学習図書では、Eメールでも入試情報を募集しております。
　下記のアドレスに、アンケートの内容をご入力の上、メールをお送り下さい。

**ojuken@
nichigaku.jp**

●行動観察 （例）好きなおもちゃで遊ぶ・グループで協力するゲームなど

〈実施日〉＿＿月＿＿日 〈時間〉＿＿時＿＿分　〜　＿＿時＿＿分 〈着替え〉□有 □無

〈出題方法〉 □肉声 □録音 □その他（　　　　　　） 〈お手本〉□有 □無

〈試験形態〉 □個別 □集団（　　　人程度）　　　〈会場図〉

〈内容〉

□自由遊び

＿＿＿＿＿＿＿＿＿＿＿＿＿＿＿

□グループ活動

＿＿＿＿＿＿＿＿＿＿＿＿＿＿＿

□その他

＿＿＿＿＿＿＿＿＿＿＿＿＿＿＿

●運動テスト（有・無） （例）跳び箱・チームでの競争など

〈実施日〉＿＿月＿＿日 〈時間〉＿＿時＿＿分　〜　＿＿時＿＿分 〈着替え〉□有 □無

〈出題方法〉 □肉声 □録音 □その他（　　　　　　） 〈お手本〉□有 □無

〈試験形態〉 □個別 □集団（　　　人程度）　　　〈会場図〉

〈内容〉

□サーキット運動

　□走り □跳び箱 □平均台 □ゴム跳び

　□マット運動 □ボール運動 □なわ跳び

　□クマ歩き

□グループ活動＿＿＿＿＿＿＿＿＿＿＿＿＿

□その他＿＿＿＿＿＿＿＿＿＿＿＿＿

日本学習図書株式会社

●知能テスト・口頭試問

〈実施日〉＿＿月＿＿日〈時間〉＿＿時＿＿分 ～ ＿＿時＿＿分〈お手本〉□有 □無

〈出題方法〉 □肉声 □録音 □その他（　　　　　　　　）〈問題数〉＿＿枚＿＿問

分野	方法	内　　容	詳　細・イ ラ ス ト
（例） お話の記憶	☑筆記 □口頭	動物たちが待ち合わせをする話	（あらすじ） 動物たちが待ち合わせをした。最初にウサギさんが来た。次にイヌくんが、その次にネコさんが来た。最後にタヌキくんが来た。 （問題・イラスト） 3番目に来た動物は誰か
お話の記憶	□筆記 □口頭		（あらすじ） （問題・イラスト）
図形	□筆記 □口頭		
言語	□筆記 □口頭		
常識	□筆記 □口頭		
数量	□筆記 □口頭		
推理	□筆記 □口頭		
その他	□筆記 □口頭		

日本学習図書株式会社

●制作　(例) ぬり絵・お絵かき・工作遊びなど

〈実施日〉＿＿＿月＿＿日　〈時間〉＿＿＿時＿＿分　〜　＿＿時＿＿分

〈出題方法〉　□肉声　□録音　□その他（　　　　　　　）　〈お手本〉　□有　□無

〈試験形態〉　□個別　□集団（　　　　人程度）

材料・道具	制作内容
□ハサミ	□切る　□貼る　□塗る　□ちぎる　□結ぶ　□描く　□その他（　　　　　　　）
□のり（□つぼ　□液体　□スティック）	タイトル：＿＿＿＿＿＿＿＿＿＿＿＿＿＿＿＿
□セロハンテープ	
□鉛筆　□クレヨン（　色）	
□クーピーペン（　色）	
□サインペン（　色）□	
□画用紙（□A4　□B4　□A3	
□その他：　　　　　）	
□折り紙　□新聞紙　□粘土	
□その他（　　　　　　　）	

●面接

〈実施日〉＿＿＿月＿＿日　〈時間〉＿＿＿時＿＿分　〜　＿＿時＿＿分　〈面接担当者〉＿＿＿＿名

〈試験形態〉□志願者のみ（　　）名　□保護者のみ　□親子同時　□親子別々

〈質問内容〉　　　　　　　　　　　　　　　※試験会場の様子をご記入下さい。

□志望動機　□お子さまの様子

□家庭の教育方針

□志望校についての知識・理解

□その他（　　　　　　　　　　　　　）

（　詳　細　）

・

・

・

・

例

校長先生　教頭先生

◯父　　◯子　　◯母

出入口

●保護者作文・アンケートの提出（有・無）

〈提出日〉　□面接直前　□出願時　□志願者考査中　□その他（　　　　　　　　　）

〈下書き〉　□有　□無

〈アンケート内容〉

（記入例）当校を志望した理由はなんですか（150字）

●説明会（□有　□無）〈開催日〉＿＿月＿＿日〈時間〉＿＿時＿＿分　～　＿＿時＿＿分
〈上履き〉□要　□不要　〈願書配布〉□有　□無　〈校舎見学〉□有　□無

〈ご感想〉

●参加された学校行事（複数回答可）

公開授業〈開催日〉＿＿月＿＿日〈時間〉＿＿時＿＿分　～　＿＿時＿＿分

運動会など〈開催日〉＿＿月＿＿日〈時間〉＿＿時＿＿分　～　＿＿時＿＿分

学習発表会・音楽会など〈開催日〉＿＿月＿＿日〈時間〉＿＿時＿＿分　～　＿＿時＿＿分

〈ご感想〉

※是非参加したほうがよいと感じた行事について

●受験を終えてのご感想、今後受験される方へのアドバイス

※対策学習（重点的に学習しておいた方がよい分野）、当日準備しておいたほうがよい物など

＊＊＊＊＊＊＊＊＊＊　ご記入ありがとうございました　＊＊＊＊＊＊＊＊＊＊

必要事項をご記入の上、ポストにご投函ください。

なお、本アンケートの送付期限は入試終了後３ヶ月とさせていただきます。また、入試に関する情報の記入量が当社の基準に満たない場合、謝礼の送付ができないことがございます。あらかじめご了承ください。

ご住所：〒＿＿＿＿＿＿＿＿＿＿＿＿＿＿＿＿＿＿＿＿＿＿＿＿＿＿＿＿＿＿＿＿＿＿

お名前：＿＿＿＿＿＿＿＿＿＿＿＿＿＿＿＿　メール：＿＿＿＿＿＿＿＿＿＿＿＿＿＿

ＴＥＬ：＿＿＿＿＿＿＿＿＿＿＿＿＿＿＿＿　ＦＡＸ：＿＿＿＿＿＿＿＿＿＿＿＿＿＿

アンケートのご記入
ありがとうございました

　　　　　　　　　　　　　　　日本学習図書株式会社

分野別 小学入試練習帳 ジュニアウォッチャー

No.	分野	内容
1	点・線図形	小学校入試で出題頻度の高い「点図形」「線図形」の模写を、難易度の低いものから段階別に幅広く練習することができるように構成。
2	座標	図形の位置を座標という作業を通して、難易度の低いものから段階別に練習できるように構成。
3	パズル	様々なパズルの問題を難易度の低いものから段階別に練習できるように構成。
4	同図形探し	小学校入試で出題頻度の高い、同図形選びの問題を繰り返し練習できるように構成。
5	回転・展開	図形などを回転、または展開したとき、形がどのように変化するかを学習し、理解を深められるように構成。
6	系列	数、図形などの様々な系列問題を、難易度の低いものから段階別に練習できるように構成。
7	迷路	迷路の問題を繰り返し練習できるように構成。
8	対称	対称に関する問題を4つのテーマに分類し、各テーマごとに問題を段階別に練習できるように構成。
9	合成	図形の合成に関する問題を、難易度の低いものから段階別に練習できるように構成。
10	四方からの観察	もの（立体）を様々な角度から見て、どのように見えるかを推理する問題を段階別に整理し、1つの形式で学習できるように構成。
11	いろいろな仲間	ものや動物、植物の共通点を見つけ、分類していく問題を中心に構成。
12	日常生活	日常生活における様々な問題を6つのテーマに分類し、各テーマごとに1つの問題形式で学べるように構成。
13	時間の流れ	「時間」に関する問題を学習し、理解を深められるように構成。
14	数える	様々なものを「数える」ことから、数の多少の判定やたし算、わり算の基礎までを練習できるように構成。
15	比較	比較に関する問題を5つのテーマ（数、高さ、長さ、重さ）に分類し、各テーマごとに練習できるように構成。
16	積み木	数える対象を積み木に限定した問題集。
17	言葉の音遊び	言葉の音に関する問題を5つのテーマに分類し、各テーマごとに問題を段階別に練習できるように構成。
18	いろいろな言葉	表現力をより豊かにする様々な言葉、擬態語や擬声語、反意語、同音異義語、擬音語や擬声語、同音異義語、反意語、などを学ぶことができる問題集。
19	お話の記憶	お話を聴いてその内容を記憶、理解し、設問に答える形式の問題集。
20	見る記憶・聴く記憶	「見て憶える」「聴いて憶える」という『記憶』分野に特化した問題集。
21	お話作り	いくつかの絵を元にしてお話を作る練習をして、想像力を養うことができるように構成。
22	想像画	描かれている形や景色に好きな絵や景色を描くことにより、想像力を養う問題集。
23	切る・貼る・塗る	小学校入試で出題頻度の高い、はさみやのりなどを用いた巧緻性の問題を繰り返し練習できるように構成。
24	絵画	小学校入試で出題頻度の高いお絵かきやぬり絵などクレヨンやクーピーペンを用いた巧緻性の問題を繰り返し練習できるように構成。
25	生活巧緻性	小学校入試で出題頻度の高い日常生活の様々な場面における巧緻性の問題集。
26	文字・数字	ひらがなの清書、運筆、迷路、物語、促音と1～20までの数字を練習できるように構成。
27	理科	小学校入試で出題頻度が高くなっている理科の問題を集めた問題集。
28	運動	出題頻度の高い運動問題を種目別に分けた問題集。
29	行動観察	項目ごとに問題提起をし、「このような時はどうか、あるいはどう対応するのか」を考える形式の問題集。
30	生活習慣	学校から家庭に提起された問題と思って、一問一答絵を見ながら話し合い、考える形式の問題集。
31	推理思考	数、量、言語、常識（含理科、一般）など、諸々のジャンルから問題を構成し、諸々の小学校入試問題傾向に合わせて構成。
32	ブラックボックス	箱や筒の中を通ると、どのように変化するかを思考・推理する問題集。
33	シーソー	重さの違うものをシーソーに乗せた時どちらに傾くのか、またどうすればつり合うのかを思考する問題集。
34	季節	様々な行事や植物などを季節別に分類できるように知識をつける問題集。
35	重ね図形	小学校入試で頻繁に出題されている「図形を重ね合わせてできる形」についての問題を集めました。
36	同図形発見	様々な物を数え、「同じ数」を発見し、数の多少の判断や数の認識の基礎を学べる問題集。
37	選んで数える	いろいろなものの数を正しく数える学習の基本となる問題集。
38	たし算・ひき算1	数字を使わず、たし算とひき算の基礎を身につけるための問題集。
39	たし算・ひき算2	数字を使わず、たし算とひき算の基礎を身につけるための問題集。
40	数を分ける	数を等しく分ける問題です。等しく分けたときに余りが出るものもあります。
41	数の構成	ある数がどのような数で構成されているかを学んでいきます。
42	一対多の対応	一対一の対応から、一対多の対応まで、かけ算の考え方の基礎学習を行います。
43	数のやりとり	あげたり、もらったり、数の変化をしっかりと学びます。
44	見えない数	指定された条件から数を導き出します。
45	図形分割	図形の分割に関する問題集。パズルや合成の分野にも通じる様々な問題を集めました。
46	回転図形	「回転図形」に関する問題集。やさしい問題から始め、いくつかの代表的なパターンから、段階を追って学習できるよう編集されています。
47	座標の移動	「マス目の指示通りに移動する問題」と「指示された数だけ移動する問題」を収録。
48	鏡図形	鏡で左右反転させた時の見え方を考えます。平面図形から立体図形、文字、絵まで。
49	しりとり	すべての学習の基礎となる「言葉」を学ぶこと、特に「しりとり」は、言葉を増やすことを、いろいろなタイプの「しりとり」問題を集めました。
50	観覧車	観覧車やメリーゴーラウンドなどを舞台にした「回転系列」の問題集。「推理思考」分野の問題ですが、「数量」も含みます。
51	運筆①	鉛筆の持ち方を学び、点線なぞり、お手本を見ながらの模写、線を引く練習。
52	運筆②	運筆①からさらに発展し、「欠所補完」や「迷路」などを楽しみながら、より複雑な運筆運びを習得することを目指します。
53	四方からの観察 積み木編	積み木を使用した「四方からの観察」に関する問題を繰り返し練習できるように構成。
54	図形の構成	見本の図形がどのような部分によって形づくられているかを考えます。
55	理科②	理科的知識に関する問題を集中して練習する「常識」分野の問題集。
56	マナーとルール	道路や駅、公共の場でのマナー、安全や衛生に関する常識を学ぶ問題集。
57	置き換え	さまざまな具体的・抽象的事象を記号で表す「置き換え」の問題を扱います。
58	比較②	長さ・高さ・体積・数などを数学的な知識を使わず、論理的に推測する「比較」の問題を扱います。
59	欠所補完	線と線のつながり、欠けた絵に当てはまるものをつなげるなど、「欠所補完」に取り組める問題集。
60	言葉の音（おん）	しりとり、決まった順番の音をつなげるなど、「言葉の音」に関する問題集です。

合格のための問題集ベスト・セレクション

＊入試頻出分野ベスト3

1st	常　識	2nd	数　量	3rd	記　憶
知識	聞く力	観察力	聞く力	集中力	聞く力
思考力		正確さ			

常識分野と口頭試問では、身近な生活体験をふまえて判断する、生活常識、マナーの問題が頻出です。
お話の記憶では、お話の内容を独特な形式で答えるのも、当校の特徴です。

分野	書　名	価格(税込)	注文	分野	書　名	価格(税込)	注文
図形	Jr・ウォッチャー8「対称」	1,650 円	冊	数量	Jr・ウォッチャー42「一対多の対応」	1,650 円	冊
図形	Jr・ウォッチャー9「合成」	1,650 円	冊	図形	Jr・ウォッチャー46「回転図形」	1,650 円	冊
言語	Jr・ウォッチャー18「いろいろな言葉」	1,650 円	冊	図形	Jr・ウォッチャー54「図形の構成」	1,650 円	冊
記憶	Jr・ウォッチャー19「お話の記憶」	1,650 円	冊	常識	Jr・ウォッチャー55「理科②」	1,650 円	冊
巧緻性	Jr・ウォッチャー23「切る・貼る・塗る」	1,650 円	冊	常識	Jr・ウォッチャー56「マナーとルール」	1,650 円	冊
巧緻性	Jr・ウォッチャー24「絵画」	1,650 円	冊		1話5分の読み聞かせお話集①②	1,980 円	各　冊
常識	Jr・ウォッチャー27「理科」	1,650 円	冊		お話の記憶問題集　初級編	2,860 円	冊
運動	Jr・ウォッチャー28「運動」	1,650 円	冊		お話の記憶問題集　中級編	2,200 円	冊
観察	Jr・ウォッチャー29「行動観察」	1,650 円	冊		面接テスト問題集	2,200 円	冊
推理	Jr・ウォッチャー33「シーソー」	1,650 円	冊		新 口頭試問・個別テスト問題集	2,200 円	冊
常識	Jr・ウォッチャー34「季節」	1,650 円	冊		苦手克服問題集　常識編	2,200 円	冊
数量	Jr・ウォッチャー37「選んで数える」	1,650 円	冊		苦手克服問題集　図形編	2,200 円	冊
数量	Jr・ウォッチャー38「たし算・ひき算1」	1,650 円	冊		東京学芸大学附属大泉小学校　合格問題集	2,200 円	冊
数量	Jr・ウォッチャー39「たし算・ひき算2」	1,650 円	冊		東京学芸大学附属大泉小学校　直前練習問題集	2,200 円	冊

合計		冊		円

（フリガナ）　氏　名	電　話
	FAX
	E-mail
住　所　〒　　　－	以前にご注文されたことはございますか。
	有　・　無

★お近くの書店、または記載の電話・FAX・ホームページにてご注文をお受けしております。
　電話：03-5261-8951　FAX：03-5261-8953　代金は書籍合計金額＋送料がかかります。
　※なお、落丁・乱丁以外の理由による商品の返品・交換には応じかねます。
★ご記入頂いた個人に関する情報は、当社にて厳重に管理致します。なお、ご購入の商品発送の他に、当社発行の書籍案内、書籍に
　関する調査に使用させて頂く場合がございますので、予めご了承ください。

日本学習図書株式会社
https://www.nichigaku.jp